Marketing

PUBLICAÇÕES
FGV Management

MARKETING

Marketing

Daniel Kamlot
Bernardo Guelber Fajardo

FGV EDITORA IDE

Direitos desta edição reservados à
FGV EDITORA
Rua Jornalista Orlando Dantas, 37
22231-010 | Rio de Janeiro, RJ | Brasil
Tels.: 0800-021-7777 | 21-3799-4427
Fax: 21-3799-4430
editora@fgv.br | pedidoseditora@fgv.br
www.fgv.br/editora

Impresso no Brasil / *Printed in Brazil*

Os conceitos emitidos neste livro são de inteira responsabilidade dos autores.

1ª edição – 2019

Preparação de originais: Sandra Frank
Editoração eletrônica: Abreu's System
Revisão: Fatima Caroni
Capa: aspecto:design

Ficha catalográfica elaborada pela Biblioteca Mario Henrique Simonsen/FGV

Kamlot, Daniel
Marketing / Daniel Kamlot, Bernardo Guelber Fajardo. – Rio de Janeiro : FGV Editora, 2019.
224 p.

Publicações FGV Management.
Área: Marketing.
Inclui bibliografia e glossário.
ISBN: 978-85-225-2195-1.

1. Marketing. I. Fajardo, Bernardo Guelber. II. Fundação Getulio Vargas. III. FGV Management. IV. Título.

CDD – 658.8

Aos nossos alunos, colegas docentes e aos executivos que nos inspiram para avançarmos no conhecimento.

Sumário

Apresentação 9
Introdução 11

1 | Clientes 15
Necessidades, desejos, cultura e subcultura 15
O conceito de valor e sua relação com marketing 20
Comportamento do consumidor e papéis de compra 22
O processo de decisão de compra e a tomada de decisão 26

2 | Mercado e ambientes 33
Mercados organizacionais 33
O macroambiente 38
O microambiente 42
Orientações da empresa em relação ao mercado 47
Miopia em marketing 48

3 | Gestão de marketing 51
Estratégias, táticas, objetivos e metas em marketing 51
Previsão e mensuração da demanda 57
O sistema de informações de marketing (SIM) 60
Marketing de relacionamento 65

4 | Segmentação e posicionamento 71
Segmentação e definição do mercado-alvo 71
Variáveis de segmentação 75
Avaliação e seleção de segmentos de mercado 82
Posicionamento: definição e atributos 84
Pontos de diferença e de paridade 89
Estratégias de diferenciação 92

5 | P de produto 95
Classificações dos produtos 95
Serviços 102
Marca e linhas de produtos 104
Embalagem e *design* 106
Métricas em produto 108

6 | P de preço 123
Determinação do preço 123
Adaptação do preço ao mercado 131
Alterações no preço e reações a elas 136
Métricas no preço 139

7 | P de praça 147
Importância dos canais, níveis de canais e seu gerenciamento 147
Sistemas verticais, horizontais e híbridos de marketing e os canais reversos 154
Cooperação e conflitos em canais 158
Formatos para atingir o consumidor: varejo e atacado 159
Empresas virtuais e os novos formatos de distribuição 166
Métricas de praça 167

8 | P de promoção 173
Comunicação 173
Modelos do processo de comunicação 175
Composto promocional 182
Métricas de promoção 194

Conclusão 199
Referências 201
Glossário 207
Para enriquecer 211
Autores 221

Apresentação

Este livro compõe as Publicações FGV Management, programa de educação continuada da Fundação Getulio Vargas (FGV).

A FGV é uma instituição de direito privado, com mais de meio século de existência, gerando conhecimento por meio da pesquisa, transmitindo informações e formando habilidades por meio da educação, prestando assistência técnica às organizações e contribuindo para um Brasil sustentável e competitivo no cenário internacional.

A estrutura acadêmica da FGV é composta por escolas e institutos, todos com a marca FGV, trabalhando com a mesma filosofia: gerar e disseminar o conhecimento pelo país. Dentro de suas áreas específicas de conhecimento, cada escola é responsável pela criação e elaboração dos cursos oferecidos pelo Instituto de Desenvolvimento Educacional (IDE), criado em 2003 com o objetivo de coordenar e gerenciar uma rede de distribuição única para os produtos e serviços educacionais da FGV.

Este livro representa mais um esforço da FGV em socializar seu aprendizado e suas conquistas. Foi escrito por professores da FGV, profissionais de reconhecida competência acadêmica e prática, o que torna possível atender às demandas do mercado, tendo como suporte sólida fundamentação teórica.

A FGV espera, com mais essa iniciativa, oferecer a estudantes, gestores, técnicos e a todos aqueles que têm internalizado o conceito de educação continuada, tão relevante na era do conhecimento na qual se vive, insumos que, agregados às suas práticas, possam contribuir para sua especialização, atualização e aperfeiçoamento.

Rubens Mario Alberto Wachholz
Diretor-geral do Instituto de Desenvolvimento Educacional

Sylvia Constant Vergara
Coordenadora das Publicações FGV Management

Introdução

O termo "marketing" vem do inglês *market* (ou mercado, em português). Logo, marketing poderia ser traduzido como o "estudo do mercado". Mas, visto assim, "ao pé da letra", o conceito acaba não sendo bem traduzido e não consegue passar sua real dimensão. Na prática, o termo se refere a estratégias e planejamentos para que empresas se desenvolvam perante seus concorrentes e forneçam ao mercado – entendido como o conjunto de todos os compradores reais e potenciais de um produto ou serviço – aquilo que lhe é adequado e conveniente. Em termos técnicos, podemos entender o marketing como o conjunto de processos orientados para criar, comunicar, distribuir e negociar produtos que tenham valor para clientes, parceiros e a sociedade em geral (Kotler, 1998; American Marketing Association, s.d.).

O marketing visa não só maximizar o consumo e os resultados empresariais, mas também elevar o bem-estar social, minimizando os custos existentes para o consumidor, ou seja, visa maximizar a satisfação do consumidor. Resumidamente, o objetivo principal do marketing é oferecer algo a um grupo de consumidores, a um preço acessível, em uma localização conveniente, com distribuição adequada e sendo divulgado de maneira compreensível e apropriada.

Nesta obra, apresentamos os principais conceitos de marketing de uma maneira simples e objetiva, calcada em aplicações práticas. Para que sua leitura flua bem, pensamos em um "fio condutor" que o guiará ao longo do livro. Inicialmente, analisaremos o cliente, a razão de ser de uma empresa, considerando suas necessidades, seus desejos e o processo decisório de consideração e de compra do produto ofertado pela empresa (capítulo 1).

Se inicialmente analisamos o cliente numa perspectiva individual, com suas demandas, partimos em seguida para a análise do mercado, o conjunto de aspectos referentes ao macro e ao microambiente organizacionais, considerando seus concorrentes e seus consumidores potenciais (capítulo 2).

Após a compreensão holística desses fatores, podemos nos imaginar em uma organização e avançar para a gestão do marketing em si, considerando a estratégia e o plano de marketing, bem como técnicas para previsão de demanda e sistemas para obtenção de informação e gerenciamento (capítulo 3).

Após entendermos nosso cliente, o mercado em que atuamos e os elementos gerenciais, devemos planejar o perfil de nosso público-alvo no mercado, bem como definir as características que devem ser evidenciadas para que os consumidores potenciais enxerguem a empresa da maneira como ela quer ser vista e reconhecida por eles, por meio dos conceitos de segmentação e de posicionamento (capítulo 4).

Feito isso, nos resta algo: estudarmos qual será a nossa oferta para o mercado, para podermos atender às necessidades dos clientes. Note que, nesse momento, estamos falando de quatro aspectos fundamentais que integram o famoso "composto de marketing" (ou 4 Ps de marketing): produto (capítulo 5), preço (capítulo 6), praça (capítulo 7) e promoção (capítulo 8). Note que ao longo desses capítulos são apresentadas também métricas para que você, como gestor da área de marketing, possa realizar o controle das ações que deseja implementar ou que já está realizando; afinal de contas, como bem expressado pelo guru da área de qualidade das organizações, William Edward Deming, "o que não pode ser medido não pode ser gerenciado".

Por fim, no "Para enriquecer", apresentamos ainda os temas mais recentes e inovadores no mundo do marketing, com grande ênfase no marketing digital para que você possa compreender de que maneira diversos recursos tecnológicos podem ser utilizados para gerenciar tudo o que estudamos até então.

Este livro tem a intenção de servir como uma base de conhecimentos de marketing para alunos, profissionais, docentes ou, simplesmente, para aqueles que se interessam pelo tema. Ainda que o marketing tenha ganhado uma importância crescente nas organizações – lucrativas ou não –, é comum que haja dúvidas, as mais diversas, a respeito de sua aplicação, suas estratégias e mesmo de alguns conceitos usuais. Assim, a proposta que fazemos nesta obra é a de explicar os principais conceitos de marketing de uma forma simples e de fácil compreensão. Para isso, tanto o vocabulário utilizado quanto os exemplos apresentados buscam ilustrar a aplicação do que é exposto.

Os conhecimentos apresentados se baseiam nos autores e obras mais clássicos desta área de estudo, com os conceitos necessários a uma abordagem atual do marketing, visando também à sua aplicação prática. Para tanto, um modelo completo de plano de negócios, contendo um plano de marketing, é incluído no final do livro, em uma estrutura que ajudará o leitor a aplicar o que foi apresentado nos capítulos anteriores.

Um diferencial que este livro contém se refere à exposição das vertentes do marketing contemporâneo, atualmente observadas nos mais diversos mercados e que permitem uma atuação, em empresas e em estudos acadêmicos, derivada do conhecimento advindo das variantes atuais do marketing.

A fim de que a leitura flua de forma contínua e agradável, os capítulos apresentam seu conteúdo transmitido de modo direto.

Boa leitura.

1
Clientes

"O cliente tem sempre razão!" É claro que você já ouviu essa frase, não é? O que ela indica é que uma empresa deve direcionar seus esforços visando à satisfação dos clientes, já que eles são a razão de ser de qualquer organização. Sem eles, as empresas não existem. Dessa forma, este capítulo tem como objetivo examinar alguns aspectos relacionados aos clientes, explorando suas necessidades e desejos, bem como o processo decisório referente à compra de um produto.

Necessidades, desejos, cultura e subcultura

A fim de prover satisfação ao cliente, é necessário que as empresas compreendam o que é valorizado por ele. Não faz sentido supor que organizações entendam as preferências dos clientes melhor do que eles próprios. Mas há diversos atributos, condições e singularidades que interferem nos interesses e escolhas dos indivíduos.

Antes de definir aquilo que um consumidor almeja adquirir, é necessário avaliar o que é imprescindível à sua sobrevivência e o que deriva de preferências pessoais. Em outras palavras, é preciso identificar o que é uma necessidade e o que constitui um desejo do ser humano.

Necessidades são entendidas como aquilo que é indispensável à sobrevivência do indivíduo. Uma necessidade representa um estado de privação de alguma satisfação básica (Kotler, 1998). Assim, as necessidades não são criadas, devido à sua própria natureza, mas profissionais de marketing as exploram para despertar nos consumidores o desejo por algum produto ou serviço que satisfaça determinada necessidade. Ilustrando tal situação, não é preciso lembrar ao consumidor que ele tem necessidade de higiene para despertar o desejo por certa marca de sabonete.

As necessidades não são criadas por empresas, sociedades ou governos. Elas são comuns a todos os seres humanos e são o ponto de partida para que os consumidores definam o que lhes é prioritário (McGee e Spiro, 1988; Churchill Jr. e Peter, 2000), de acordo com uma hierarquia proposta pelo psicólogo Abraham Maslow há várias décadas. Para Maslow (1943), há necessidades mais urgentes que outras, ou seja, é preciso saciá-las antes das demais, como em uma hierarquia, apresentada na figura 1, conhecida como pirâmide de Maslow, ou hierarquia das necessidades humanas. Nela é possível perceber claramente que se deve, primeiro, atender às necessidades da base da pirâmide antes de haver preocupação em atender às demais necessidades (Guimarães, M., 2001; Guimarães, V., 2017).

Figura 1
A pirâmide de Maslow

Fontes: Maslow (1943); Kotler (1998).

As primeiras necessidades a serem atendidas são as fisiológicas – aquelas com as quais os seres humanos já nascem e que servem de base às demais –, tais como sede, fome, sono, respiração, entre outras. São aquelas que mantêm vivo o indivíduo. Uma vez saciadas, a pessoa passa a se preocupar com o segundo nível da pirâmide, isto é, com as necessidades de segurança, as quais englobam ter uma residência, estabilidade no emprego, saúde etc. Em seguida, vêm as necessidades sociais, como fazer parte de um grupo social ou uma comunidade. Aqui entram os amigos, a família, parceiros afetivos, sociedade em um clube, entre outros exemplos. Na sequência, surgem as necessidades de estima, que envolvem o reconhecimento, por parte dos outros, a respeito de nossas capacidades e aptidões, levando à dignidade, ao respeito, ao prestígio e ao *status*. Aqui também se observa o orgulho de uma pessoa quanto a seus próprios feitos e o respeito que desperta nos outros. Finalmente, no topo da pirâmide, há as necessidades de autorrealização, que incluem características como o altruísmo, realizar o que se aprecia fazer, tendo satisfação naquilo que se faz.

Uma característica importante da pirâmide de Maslow indica que, para se passar a um nível superior, o nível precedente deve ser satisfeito. Caso não se atinja a plenitude em determinado nível, isso pode gerar uma sensação de frustração, desilusão ou desapontamento no indivíduo.

Outra característica, explorada por alguns autores, aponta que a necessidade de autorrealização do indivíduo é insaciável, ou seja, quanto mais se satisfaz tal necessidade, mais a pessoa se torna ávida por alcançá-la em maior magnitude (Hampton,1992; Huitt, 2017).

Os desejos diferem de pessoa para pessoa. Isso ocorre porque os desejos se referem às necessidades, porém moldadas pela cultura à qual o indivíduo pertence e por características pessoais, que variam para cada ser humano.

Os desejos são referentes a bens ou serviços específicos que satisfazem necessidades adicionais, as quais vão além da mera sobrevivência (Churchill Jr. e Peter, 2000). A partir de uma mesma necessidade, podem surgir diversos desejos. Todo ser humano, por exemplo, precisa se hidratar, porém uma pessoa pode desejar um copo de água, enquanto outra deseja um refrigerante, outra deseja uma cerveja e assim por diante.

A cultura é um determinante dos desejos. Quando um brasileiro ouve que "na China eles comem cachorros", fica muitas vezes espantado, por ser um alimento diferente daquele a que se acostumou em sua própria cultura. Assim, as culturas devem ser entendidas e respeitadas quando produtos são oferecidos. Muitas vezes, é mandatória uma adaptação de produtos para que sejam aceitos em outros locais. Por exemplo, na Índia não se come carne de vaca, o que fez com que o McDonald's adaptasse seus hambúrgueres a essa realidade.

Para o antropólogo Edward B. Tylor (apud Kotler, 1998), cultura é um complexo que inclui valores, comportamentos, conhecimentos, crenças, artes, moral, leis, costumes e outras aptidões e hábitos adquiridos pelo homem enquanto membro de uma sociedade. As influências mais duradouras no comportamento do consumidor são justamente as culturais (Kotler, 1998). O ser humano tende a assimilar os costumes de sua cultura e crer em sua correção absoluta, até que surjam elementos divergentes dentro de sua própria cultura ou até que ele se defronte com membros de outra cultura.

Já a subcultura é um conceito interessante para se referenciar um grupo de pessoas, geralmente minoritário, com um conjunto de características próprias (comportamentos e crenças), que representa uma subdivisão dentro de uma cultura dominante, maior e mais complexa (Kotler, 1998).

A subcultura se refere a um grupo diferenciado que compartilha uma cultura. Porém seus membros podem ter afinidade entre si por motivos variados, como idade, etnia, orientação sexual, gostos musicais etc. Kotler (1998) indica que, em geral, as subculturas apresentam dois elementos: (1) os núcleos culturais, compartilhados pela maioria da população, e (2) as crenças, valores e costumes únicos que são específicos dos membros daquela subcultura.

Os desejos são fortemente influenciados pela cultura e, eventualmente, pela subcultura. Um exemplo que pode ser dado é o das "tribos". Brasileiros que são tatuados, ou que torcem por certo time ou certa escola de samba, ou que surfam, ou que andam de *skate* etc., ainda assim compartilham a cultura nacional, mesmo fazendo parte de uma subcultura específica. E tendem a desejar produtos relacionados não só à cultura brasileira, mas também à subcultura da qual participam.

Não adianta uma empresa conhecer detalhadamente o perfil de seus potenciais clientes, se eles não tiverem interesse no que lhes é oferecido. Dito de outro modo, se os clientes não estiverem motivados a comprar, não haverá como convencê-los do contrário. Desse modo, é relevante compreender o significado da motivação de um cliente a fim de estimular eventuais sentidos necessários a fazer com que o cliente aumente seu interesse ou sua vontade de comprar algo.

A motivação pode ser compreendida como um impulso interno ao indivíduo que o faz agir durante um período considerado adequado para que alguma necessidade seja satisfeita. Claramente, a motivação tem um caráter inerente a quem a possui, mas pode fazer uso de fatores ambientais para direcionar a satisfação buscada. Entretanto, a motivação propriamente dita não se reduz meramente a perseguir os fatores em questão. Por exemplo, se uma pessoa sente cansaço, ela tem a necessidade de repouso. Supondo que deseje um sofá para repousar e descansar, o indivíduo terá como motivação o próprio cansaço – que é a carência que motivou a busca pelo sofá (Bergamini, 1990). A motivação reside na necessidade não satisfeita, e ao conseguir o sofá que deseja, ou seja, obtendo um fator externo que facilite o repouso, o indivíduo estará satisfeito e aquela motivação tenderá a desaparecer.

Do ponto de vista do marketing, a motivação possui um direcionamento e uma intensidade. O direcionamento significa escolher um objetivo em detrimento de outro, enquanto a intensidade especifica que o consumidor busca determinado(s) objetivo(s) com maior ou menor ardor (Kotler e Keller, 2012). Como não é possível definir que haja apenas um tipo de motivação para os consumidores em qualquer mercado, cumpre conhecer as principais teorias de motivação, visto que cada uma traz implicações específicas para a criação de estratégias de marketing e para a análise dos consumidores reais e potenciais.

Na psicologia do consumo, diz-se que há uma categorização de necessidades, sendo estas divididas em funcionais, simbólicas e hedônicas (Solomon, 2016), como resumidas no quadro 1.

Quadro 1

Categorias de necessidades

Categoria	Definição	Exemplos
Necessidades funcionais	São aquelas necessidades associadas ao uso e manejo do produto.	Calculadoras, aparelhos de GPS, agendas eletrônicas etc. têm uma função definida, que auxilia o consumidor com seu uso.
Necessidades simbólicas	São as necessidades relacionadas a uma representação social.	Beber água mineral de determinada marca ou usar um smartphone de última geração é uma necessidade de cunho social; simboliza certo prestígio perante os demais.
Necessidades hedônicas	São as necessidades utilitárias, relacionadas ao desfrute de algo.	Obter um automóvel Porsche, uma motocicleta Harley-Davidson, uma viagem ao redor do mundo etc. (envolve emoção e fantasia).

Fonte: Solomon (2016).

Assim, é preciso, do ponto de vista mercadológico, considerar as necessidades dos consumidores quando algo é direcionado ao mercado, uma vez que as motivações podem surgir por variados motivos e nem sempre será fácil ou simples identificá-las. Convém perceber que a perspectiva de categorização foca em categorias, e não em uma hierarquia.

O conceito de valor e sua relação com marketing

Sempre que um consumidor busca um produto ou serviço que satisfaça suas necessidades, ele avalia duas coisas: (1) os benefícios fornecidos por aquilo que vai adquirir e (2) os custos nos quais deve incorrer para obter o produto (e tais custos não são apenas financeiros, como se verá adiante). O conceito de valor percebido pelo cliente, no marketing, se refere exatamente à comparação entre esses benefícios e custos.

Cumpre aqui fazer uma diferenciação entre esse conceito e o conceito de "valor". Valor é definido como "a satisfação das exigências do consumidor ao menor custo possível de aquisição, propriedade e uso" (Kotler, 1998:29). Já o valor percebido pelo cliente é entendido como "a diferença entre a avaliação do consumidor em potencial sobre todos os benefícios e todos os custos de uma oferta e as alternativas percebidas" (Kotler e Keller, 2012:744).

Com isso, é fácil perceber que, para o cliente, o valor percebido será tanto maior quanto maiores forem os benefícios recebidos ou menores forem os custos necessários para obter o produto em questão. Assim:

$$\text{Valor percebido pelo cliente} = \frac{\text{Benefícios}}{\text{Custos}}$$

Essa fórmula demonstra que há três maneiras de aumentar o valor percebido pelo cliente. Ele aumenta com o aumento dos benefícios, com a redução dos custos ou com o aumento dos benefícios e a simultânea redução dos custos.

Mas o que compõe os benefícios? E o que compõe os custos? A partir de agora, serão apresentados esses componentes do valor percebido (Kotler, 1998:52).

Os benefícios são subdivididos em: funcionais, sociais, pessoais e sensoriais. Por sua vez, os custos se subdividem em monetários, psicológicos, de tempo e de esforço físico. Cada um está detalhado a seguir.

- *Benefícios funcionais*. São os benefícios tangíveis recebidos em bens e serviços que o consumidor adquire. Referem-se ao produto cumprir sua funcionalidade.
- *Benefícios sociais*. São as respostas positivas que os clientes recebem de outros por comprar e usar determinados produtos e serviços. Por exemplo,

prestígio perante um grupo de amigos obtido pelo uso de um produto de marca.

- *Benefícios pessoais*. Envolvem tudo de bom em termos de sentimentos experimentados pelos clientes com compra, propriedade e uso de produtos, ou pela utilização de serviços. Trata-se, muitas vezes, da própria satisfação pessoal.
- *Benefícios sensoriais*. Estão relacionados à sensação experimentada, ou seja, ao prazer sensorial que os clientes obtêm com produtos e serviços que escolheram utilizar.
- *Custos monetários*. Referem-se à quantidade de dinheiro despendida pelos clientes para receber os produtos e serviços.
- *Custos de tempo (temporais)*. Envolvem o tempo gasto comprando, alterando, buscando ou mesmo consertando produtos.
- *Custos de esforço físico*. São os custos associados ao comportamento físico necessário para comprar produtos e serviços. Por exemplo, ter de acampar em frente a um estádio, por dias, para conseguir comprar um ingresso para um jogo ou *show* para o qual há poucas vagas.
- *Custos psicológicos*. São aqueles referentes à energia e tensão mental envolvidas em fazer compras importantes e aceitar os riscos de produtos e serviços não terem o desempenho esperado. Por exemplo, usar uma tintura no cabelo sem saber se o resultado final será apreciado pelo consumidor.

A partir desses conceitos, é fácil deduzirmos que quanto maior for o valor percebido pelo consumidor, maior será sua satisfação. Satisfação é definida como o sentimento de prazer ou desapontamento que resulta da comparação do desempenho (ou resultado) percebido de um produto e as expectativas que o comprador tinha sobre ele (Kotler e Keller, 2012). Assim, o consumidor, ao receber um produto ou serviço, o avaliará comparando o que esperava e o que de fato recebeu, conforme sua própria percepção.

Para avaliar a satisfação do cliente ao receber um produto ou serviço, deve-se ter em mente que ocorre uma comparação, da seguinte forma:

- se o que o cliente recebeu supera o que esperava, ele ficará satisfeito;
- se o que o cliente recebeu é pior do que esperava, ele ficará insatisfeito;
- se o que o cliente recebeu é exatamente o que esperava, ele não ficará nem satisfeito nem insatisfeito.

É relevante, ainda, considerar que a satisfação dos consumidores pode ser impactada por sua conduta em situações específicas e sob certas condições. Portanto, convém compreender o funcionamento do comportamento do consumidor de forma detalhada.

Comportamento do consumidor e papéis de compra

O comportamento do consumidor é definido como o estudo dos processos envolvidos quando indivíduos ou grupos selecionam, compram, usam e descartam produtos, serviços, ideias, comportamentos e experiências para satisfazer suas necessidades e desejos (Mowen e Minor, 2003; Peter e Olson, 2009).

Entender o cliente no detalhe ajuda a empresa a ter certeza de que os produtos certos estão sendo comercializados para os clientes certos da maneira certa. Analisar o comportamento do consumidor é relevante para as empresas, pois assim conseguirão focar seus esforços onde realmente é necessário, evitando o desperdício de recursos.

O comportamento do consumidor e os fatores de influência

Compreendendo o comportamento do consumidor, haverá maior facilidade de uma organização lhe oferecer aquilo que ele deseja e que o tornará satisfeito. Oferecendo produtos e serviços adequados ao público-alvo, a empresa conseguirá mais e melhores vendas, assim obtendo mais lucro. Mas não basta à empresa apenas melhorar os produtos e serviços que oferece ao mercado; ela deve ter ciência de quais clientes serão mais adequados para cada item oferecido.

O comportamento apresentado por qualquer consumidor está relacionado, também, à fase que ele atravessa em certos momentos de sua vida. Assim, os gostos do público-alvo e a quantidade de dinheiro despendida em certas compras dependerão da conjuntura daquele momento. Por exemplo, jovens desempregados e idosos com renda mais constante não gastarão os mesmos montantes nem comprarão as mesmas mercadorias. De posse de tais informações, as empresas conseguirão definir os clientes mais adequados às suas ofertas.

Os principais fatores que impactam esse comportamento são os fatores culturais, os fatores sociais e os fatores pessoais. Os fatores culturais são todos aqueles que consideram a cultura do indivíduo. Englobam valores, comportamentos, conhecimentos, crenças, artes, moral, leis, costumes e outras aptidões e hábitos adquiridos pelo ser humano na condição de membro de uma sociedade.

Ao ofertar algo a um consumidor, é relevante identificar o conjunto de valores aprendidos por ele durante sua vida e em seu ciclo familiar. Como as influências mais duradouras no comportamento do consumidor são justamente as culturais, quando a empresa fizer uso desse conhecimento sobre o potencial cliente, terá vantagem competitiva sobre os concorrentes que não dispuserem de tais informações.

Cabe ainda ressaltar que a subcultura é algo a que as empresas devem atentar, pois ela impacta a forma de consumir dos indivíduos. De acordo com a subcultura que cada um partilha, podem ser identificados valores e ideais similares, como a preferência no que concerne a religiões, times de futebol, zonas geográficas de residência etc.

Quando subculturas se desenvolvem a ponto de influenciar grandes quantidades de pessoas, é comum que empresas definam planos de marketing específicos para cada uma. Entre os grupos que partilham da cultura brasileira, pode-se indicar a subcultura do *funk*, dos condomínios fechados, dos aficionados por séries televisivas, entre outras.

O comportamento do consumidor pode ser influenciado também por sua classe social. Nesse caso, os itens de consumo podem ser determinados pelo prestígio do indivíduo, decorrente de sua posição social. Produtos de luxo tenderão a ter a preferência dos consumidores de maior renda, enquanto os produtos "populares" (de consumo de massa, menos sofisticados) seriam selecionados pelos de menor renda.

Além desses, os chamados fatores sociais também são capazes de exercer influência no consumo. Esses fatores dizem respeito (1) a grupos de referência, que inspiram de algum modo o comportamento de compra dos consumidores; (2) à família, que constitui uma unidade que muitas vezes leva em consideração a opinião de vários membros em uma decisão de compra; (3) a papéis e *status*, que refletem as posições ocupadas por consumidores em certas circunstâncias e seu simbolismo (Kotler e Keller, 2012).

Os grupos de referência exercem alguma influência sobre o comportamento e atitudes do consumidor. Existem os grupos primários (família, amigos, vizinhos, colegas de trabalho ou escola etc.) e os secundários (associações de classe, associações religiosas e outras mais formais e com as quais há uma interação menos constante dos consumidores) (Kotler e Keller, 2012). Os grupos de referência têm a capacidade de influenciar o consumo a partir de normas seguidas por eles, reforçando a prática de certos valores ou o respeito a eles.

A família é o grupo primário mais influente. Há a família de orientação (pais, irmãos) e a de procriação (cônjuge, filhos). É comum, para bens de preço elevado, que a decisão de compra seja tomada em conjunto por diversos membros da família.

Um papel, mais conhecido como papel de compra, se refere às atividades que se espera que uma pessoa desempenhe em certa situação. E cada papel é relacionado a um *status*, ou seja, a uma posição simbólica dentro da realidade estudada.

Os fatores pessoais são também de grande relevância nesse contexto por serem aqueles que englobam atributos e características pessoais dos consumidores que influenciam na forma como decidem pela compra (ou não) de algum produto ou serviço. Os profissionais de marketing devem estar atentos a qualquer mudança em âmbito pessoal, pois alterações no padrão de como as pessoas se divertem, o que fazem para relaxar, sua personalidade e estilo de vida, entre outros, podem impactar a decisão de compra.

À medida que a vida vai passando, novas fases vão surgindo, e o consumidor percebe novas necessidades e novos desejos. O hábito de consumo se altera quando um indivíduo sai da infância para a adolescência e depois para a vida adulta. Em cada diferente fase da vida, novos itens são consumidos e novas tendências são observadas.

Os fatores pessoais englobam: idade e estágio do ciclo de vida; ocupação e circunstâncias econômicas; estilo de vida e valores; personalidade e autoimagem. Detalhando, temos o seguinte:

- *Idade e estágio do ciclo de vida.* À medida que o tempo passa, as necessidades e os desejos dos indivíduos seguem se alterando e raramente permanecem os mesmos. Os padrões de compra e de consumo são influenciados pela idade e também pelo ciclo de vida da família. Tal ciclo de vida engloba as fases: solteiros jovens (solteiros de até 45 anos, sem filhos); casais jovens (casais até 45 anos, sem filhos); pais jovens (casos em que o chefe da família tem até 45 anos com ao menos um filho); famílias de meia-idade (cujo chefe de família está na faixa de 45 a 64 anos, com filhos presentes ou ausentes, mas dependem da ajuda financeira dos pais); lares de meia-idade (cujo chefe está na faixa etária entre 45 e 64 anos, não tem filhos ou tem filhos ausentes e independentes); casais mais velhos (com chefe maior de 65 anos ou aposentado).

- *Ocupação e circunstâncias econômicas.* Kotler (1998) expõe que o padrão de consumo dos indivíduos é influenciado por suas respectivas ocupações. A profissão dos indivíduos, assim como suas circunstâncias econômicas, define seu poder aquisitivo, e este impacta diretamente o que é desejado para o consumo. Altos executivos buscam ternos caros, operários desejam calçados acessíveis e assim por diante. Porém, caso ocorra alguma alteração econômica – uma crise, por exemplo –, o padrão corrente de consumo se altera e o interesse por produtos caros ou supérfluos tende a reduzir drasticamente.
- *Estilo de vida e valores.* Estilo de vida se refere às atividades, interesses e opiniões de uma pessoa (Kotler, 1998). Há consumidores focados em atividades ao ar livre, outros que visam à cultura, outros ainda têm um estilo de vida voltado ao esporte etc. O estilo de vida pode ser medido por intermédio de técnicas psicográficas. Quanto aos valores, podem ser entendidos como uma expressão que expõe as metas que motivam os indivíduos em uma sociedade. Dessa forma, valores definem o comportamento tido como "normal" para certa sociedade, enquanto os valores pessoais definem o comportamento tido como "normal" para o indivíduo.
- *Personalidade e autoimagem.* A personalidade envolve traços psicológicos distintos, que determinam inclusive o comportamento do indivíduo no ato da compra (Kotler e Keller, 2012). Uma pessoa pode ser compulsiva, agressiva, recatada etc., e isso influenciará em seu processo de compra. A autoimagem real é como o consumidor se vê, enquanto a autoimagem ideal indica como ele gostaria de se ver. Tais efeitos podem ser de grande impacto no caso de produtos consumidos publicamente.

A influência dos fatores citados pode ser impactante quando um consumidor adquire algo – para si ou para outros – e também pode definir a conduta no momento da compra. Mas deve-se ter em mente que os consumidores podem exercer diferentes papéis em uma situação de compra, como será visto a seguir.

Papéis de compra

É possível observar a existência de cinco papéis representados durante um processo de compra de um produto ou serviço. Os papéis de compra tradicionalmente encontrados em situações transacionais são os mostrados no quadro 2.

Quadro 2
Papéis de compra

Papel de compra	Características
Iniciador	Pessoa que sugere a ideia de comprar um produto ou serviço e reúne informações que auxiliam na decisão.
Influenciador	Pessoa cujo ponto de vista ou conselho influencia a decisão.
Decisor	Pessoa que decide sobre quaisquer componentes de uma decisão de compra: se deve comprar, o que comprar, como comprar e onde comprar.
Comprador	Pessoa que efetivamente realiza a compra.
Usuário	Pessoa que consome ou usa o produto ou serviço adquirido.

Fonte: Kotler (1998).

Cumpre notar que esses papéis não são fixos; podem ser desempenhados em situações diferentes por pessoas diferentes, ou seja, um mesmo indivíduo pode apresentar mais de uma incumbência em uma transação.

O processo de decisão de compra e a tomada de decisão

Tendo tomado conhecimento das motivações que levam os consumidores a adquirir algo, é importante que se perceba a existência de um processo de decisão que leva à compra, por parte de qualquer consumidor.

A tomada de decisão do consumidor engloba as etapas que ocorrem desde reconhecer que há um problema a ser solucionado até de fato resolvê-lo. Uma compra soluciona um problema de necessidade de um bem ou desejo por ele (Peter e Olson, 2009).

A tomada de decisão é um processo construtivo (Mowen e Minor, 2003), ou seja, os consumidores tomam decisões continuamente, sendo influenciados pela dificuldade do problema a resolver, pelas características do consumidor e da situação em si.

O modelo genérico do processo de decisão de compra, que envolve essa tomada de decisão, está exposto na figura 2. Como se observa, a decisão de compra não se dá "automaticamente". Há uma sequência de fases por trás dela. Sem que um problema tenha sido reconhecido, por exemplo, não haverá possibilidade de chegar a uma decisão de compra. Assim, deve-se atentar para o fato de que ocorre um processo, representado na figura 2.

Figura 2
O processo de decisão de compra

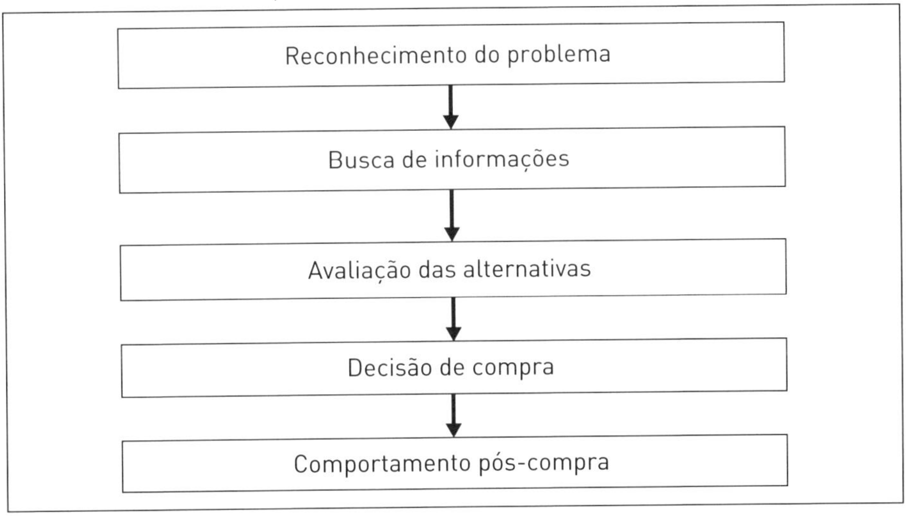

Fonte: Peter e Olson (2009).

Vejamos, na sequência, cada uma dessas fases.

Reconhecimento do problema

Ocorre quando o consumidor percebe uma diferença entre a situação real e uma situação desejada. Tal reconhecimento pode ser impulsionado por algum estímulo, externo ou interno. Os estímulos internos nascem de necessidades fisiológicas (fome, sede etc.), e surgem como nível de consciência. Já os estímulos externos são despertados por influências do meio social, como promoções de vendas e propagandas. Conseguindo identificar os estímulos mais frequentes, torna-se viável à empresa gerar interesse pelo produto oferecido, por meio de estratégias focadas no desejo do consumidor (Kotler, 1998).

Busca de informações

É comum que o consumidor busque informações sobre soluções para satisfazer suas necessidades não atendidas. Ao procurar por informações que auxiliem na tomada de decisão, pode-se perceber a existência de dois estágios de busca de informações: atenção elevada e busca ativa de informações. No estágio de atenção elevada (também conhecido como busca moderada), há maior receptividade do consumidor às informações sobre produtos e serviços. Na busca ativa de informações, há maior esforço despendido; o consumidor telefona para amigos, conversa com vendedores, pesquisa na internet a fim de obter mais dados sobre o produto. (Kotler e Keller, 2012). As fontes de informações do consumidor podem ser classificadas em quatro grupos distintos, apresentados e exemplificados no quadro 3.

Quadro 3
Tipos de fontes e exemplos

Tipo de fonte	Exemplo
Fontes pessoais	Família, amigos, vizinhos, colegas etc.
Fontes comerciais	Propagandas, vendedores, embalagens etc.
Fontes públicas	Mídia de massa, entidades de consumidores e outras.
Fontes experimentais	Uso, manuseio, exame do produto e outras.

Fonte: Kotler e Keller (2012).

Em nosso dia a dia como consumidores, pode ocorrer uma busca passiva por informações sobre produtos e serviços. Durante a fase de busca de informações, o consumidor persegue informações de várias fontes que permitam satisfazer suas necessidades e desejos percebidos (Blackwell, Miniard e Engel, 2005). Assim, é comum que o consumidor recorra a diversos "mananciais" diferentes visando obter dados e informações a respeito do que deseja comprar. O profissional de marketing tem grande interesse em conhecer as principais fontes de informações a que o consumidor recorrerá e a influência relativa que cada uma delas terá sobre a decisão de compra subsequente (Kotler, 1998).

Avaliação das alternativas

Nesse estágio do processo de decisão, o consumidor avalia produtos alternativos para, na sequência, definir marcas a escolher. Nessa definição dos produtos e marcas, pode-se confiar em experiências anteriores ou realizar uma ampla pesquisa externa. O consumidor, nesta etapa, identifica todas as alternativas que considera plausíveis. A seguir, irá avaliá-las e usar tal avaliação como base para sua decisão.

Entre os processos de avaliação de decisão, há diversos modelos, mas a maior parte deles é orientada de forma cognitiva. Isso significa que o consumidor forma seus julgamentos sobre produtos com uma base tanto racional quanto consciente. Ele desenvolve, em relação ao produto e à marca, um conjunto de crenças formadas conforme as experiências dos consumidores vão sendo filtradas por meio da percepção, distorção e retenção (Kotler, 1998), como mostrado no quadro 4.

Quadro 4

Classificações de compreensão de informações recebidas

Classificação	Explicação	Exemplo
Atenção seletiva	Filtragem da maioria dos estímulos, selecionando o que será percebido de fato.	Se um consumidor desejar comprar um computador, estará atento a qualquer menção a computadores em geral. Se estiver assistindo a um filme na TV e, durante os comerciais, for mencionada alguma oferta sobre esses produtos, a atenção do consumidor se voltará para o anúncio. Ao caminhar pela cidade, o consumidor também tenderá a observar com maior atenção os *outdoors* com anúncios de computadores, as vitrines de lojas que exibam tais produtos etc. Descontos oferecidos no varejo se utilizam da atenção seletiva quando apresentam descontos de grande magnitude – como 50% – em vez de reduções de preços com as quais a clientela já está acostumada – como 10%, por exemplo.
Distorção seletiva	Nem sempre os estímulos atuam no consumidor como se espera. A distorção seletiva é a tendência de transformarmos (distorcermos) a informação recebida em significados pessoais e os interpretarmos com base em experiências prévias, positivas ou negativas, a respeito de determinada marca.	Nesse caso, o consumidor vai considerar apenas o que reforça suas crenças, sem reter as críticas feitas. Na compra de um computador, se algum conhecido do consumidor lhe disser que a marca de preferência deste não é digna de confiança, ele irá desconsiderar, mas irá reter os elogios feitos a ela. Outro exemplo de distorção seletiva é observado em testes cegos. Ao experimentar refrigerantes sem identificação, o consumidor irá relacionar o de melhor sabor à marca de sua preferência.
Retenção seletiva	Retenção daquilo que confirma as crenças e atitudes do consumidor, em vez de reter todas as informações possíveis.	Lembrar pontos positivos dos produtos de que gostamos e esquecer os dos concorrentes. Na compra de um computador, poderia ocorrer de o consumidor, que prefere a marca X, se recordar apenas de seus aspectos positivos, desprezando tanto os aspectos negativos da marca X quanto as vantagens das marcas concorrentes.

Fonte: Kotler e Keller (2012).

Decisão de compra

É o momento em que a compra é decretada, pactuada. Os critérios do consumidor para definir que produtos, serviços e marcas serão adquiridos variam a cada situação da compra. A intenção de compra sofre influências de fatores situacionais imprevistos e das atitudes de outros indivíduos.

Os fatores situacionais imprevistos são ocorrências inesperadas que podem impactar a decisão de compra. O fato de alguém preferir ou ter a intenção de comprar algo não garante a compra – o consumidor pode perder o emprego, se desmotivar ao manipular o produto em um teste; pode surgir outra compra de emergência, entre outras situações. A influência da atitude de outras pessoas dependerá: (1) da magnitude da atitude contrária da outra pessoa quanto à alternativa selecionada pelo consumidor e (2) da motivação do próprio consumidor no sentido de acatar as preferências da outra pessoa (Kotler e Keller, 2012).

A decisão de compra do consumidor é influenciada pelo risco percebido por ele, sendo que tal risco pode ser funcional, físico, financeiro, social, psicológico ou de tempo. Os tipos de risco percebido (mostrados no quadro 5) podem modificar, cancelar ou adiar uma compra.

Quadro 5

Tipos de risco percebido

Tipo de risco	Explicação
Risco funcional	É o risco que se observa quando o produto não corresponde às expectativas.
Risco físico	Ocorre quando se apresenta uma ameaça física ou à saúde do usuário.
Risco financeiro	Ocorre quando se paga mais pelo produto do que ele de fato vale.
Risco social	É o risco observado quando o produto causa algum constrangimento perante outras pessoas.
Risco psicológico	É o risco que acontece quando o bem-estar mental do consumidor é afetado pelo uso do produto.
Risco de tempo	No caso de o produto ser ineficiente, isso pode acarretar um custo de oportunidade para obter um produto que seja satisfatório.

Fonte: Kotler e Keller (2012).

Comportamento pós-compra

O processo de decisão de compra não acaba quando se adquire o produto; ele continua no período pós-compra, isto é, depois de o consumidor já ter obtido o produto. É no estágio pós-compra que ocorre o momento em que o consumidor analisa todo o ciclo que gerou sua necessidade de adquirir algo (Nickels e Wood, 1997). A partir da análise de sua (in)satisfação, os consumidores manterão na memória suas avaliações, pois estas retornarão em decisões futuras – como um *feedback*.

É também no estágio pós-compra que os consumidores avaliam se o produto comprado atende ou não a suas expectativas. É quando pode ocorrer uma dissonância cognitiva pós-compra, o que é avaliado pelo consumidor e deve ser considerado pelo vendedor ao ofertar algo ao mercado.

A dissonância cognitiva pós-compra se refere à comparação entre aquilo que o consumidor esperava obter em sua compra e o que de fato adquiriu. Para evitar, ou ao menos reduzir, essa dissonância, devem ser fornecidas ao consumidor informações reais sobre o produto desejado. Assim, não haverá surpresas negativas após a compra ter sido realizada. Por exemplo, dizer a uma consumidora que está comprando uma calça que esta poderá encolher após lavada; assim, a cliente não terá uma eventual surpresa negativa após a lavagem da calça nem ficará irritada com a marca nem com a empresa que lhe vendeu o produto.

A decisão de compra ocorre em mercados consumidores e em mercados organizacionais. Entretanto, esses diferentes mercados apresentam características específicas, que são influenciadas pelos ambientes que envolvem os participantes. O capítulo a seguir tem como foco tanto os mercados quanto os ambientes e seus componentes.

2
Mercado e ambientes

Mercados são um conjunto de vendedores e compradores que interagem entre si por meio do comércio (ou escambo), de tal forma que os primeiros ofertam produtos ou serviços para os segundos, que, em contrapartida, pagam por meio de transferência de valor (na maior parte das vezes, monetário). Essa interação ocorre em um ambiente organizacional constituído por dois componentes: o microambiente e o macroambiente. Ambos impactam a organização de maneira significativa e afetam a capacidade da empresa de atender seus clientes.

Sua diferença, porém, reside na capacidade que a organização tem de influenciá-los. Quanto ao primeiro, nos referimos a tudo aquilo que é fator de influência interno da organização, ou seja, tudo o que a empresa pode, de alguma forma, controlar, sendo desde seus funcionários, clientes, concorrentes, fornecedores, entre outros. O segundo é constituído por fatores externos que interferem em sua administração de marketing, ou seja, são fatores cuja forma como irão acontecer a organização não pode mudar, porém, devem ser considerados para guiar a estratégia de marketing utilizada por ela, como o ambiente demográfico, a natureza, tecnologia etc. (Kotler e Armstrong, 2015). Todos esses conceitos serão explicados em detalhes a seguir.

Mercados organizacionais

O mercado organizacional pode ser entendido, de forma sucinta, como uma rede de empresas e instituições que negociam entre si a fim de possibilitar a concepção e fabricação de produtos e serviços. Esses produtos e serviços serão direcionados a um consumidor final, em geral uma pessoa física (e não uma empresa).

As organizações não realizam apenas vendas; elas também consomem grandes quantidades de produtos (equipamentos, suprimentos, matérias-primas e serviços empresariais). Consequentemente, é natural que haja empresas que focam apenas trabalhar para o mercado organizacional – como as consultorias empresariais – e aquelas que negociam com esse e com outros mercados.

Compras organizacionais são definidas como "o processo de tomada de decisão pelo qual as organizações formais estabelecem a necessidade da compra de bens e serviços, assim como identificam, avaliam e fazem suas escolhas entre as marcas e os fornecedores disponíveis" (Webster e Wind apud Kotler e Keller, 2012:198).

Nota-se que esse tipo de compra depende de fornecedores e marcas à disposição do comprador organizacional da mesma maneira que uma pessoa física tem à sua disposição diversas marcas e fornecedores distintos. Contudo, há características observadas nos mercados organizacionais que nem sempre são percebidas nos mercados consumidores. Elas estão detalhadas no quadro 6.

Quadro 6

Características principais dos mercados organizacionais

Característica	Análise
Há menos compradores, porém de maior porte	Apesar de no mercado organizacional haver uma quantidade mais reduzida de compradores para os produtos/serviços oferecidos, a quantidade demandada por esses compradores é muito maior; eles compram em quantidade muito maior do que o consumidor varejista, por exemplo (do mercado de consumo). Organizações industriais, por exemplo, ao adquirirem insumos para suas atividades, o fazem em quantidades bem elevadas.
Ocorre um relacionamento estreito entre fornecedor e cliente	Por haver menos compradores do que no mercado varejista, percebe-se uma aproximação maior entre as empresas e seus compradores, podendo inclusive "personalizar" produtos de acordo com as necessidades do cliente organizacional.
Compra profissional	Quem realiza a compra no mercado organizacional são profissionais com preparo técnico e treinamento para isso. Eles visam não apenas a preços acessíveis, mas também a ofertas que se alinhem às políticas e exigências das organizações para as quais trabalham.
Existem diversas influências de compra	Não há apenas um participante do processo de compra. Existem muitas pessoas que influenciam esse processo, desde técnicos até a alta gerência, conforme o grau de complexidade da negociação.
Há vários contatos de vendas	Em geral, a negociação de compra passa por vários contatos e encontros até se fechar um contrato.
Demanda derivada	A demanda do mercado organizacional está relacionada à do mercado de consumo. Quanto maior a demanda existente no mercado de consumo por determinado produto, maior será a demanda por insumos das empresas que trabalham com esse produto.

▼

▼

Demanda inelástica	O preço não tem grande influência na demanda total da maioria dos bens e serviços organizacionais, em particular no curto prazo e quando não há substitutos ao produto/serviço em questão.
Demanda oscilante	A demanda observada no mercado organizacional apresenta maior volatilidade do que no mercado de consumo. Isso ocorre porque um pequeno aumento da demanda no mercado de consumo pode representar até 10 vezes mais ou 10 vezes menos no mercado organizacional.
Existe uma concentração geográfica dos compradores	No mercado organizacional, os compradores tendem a se concentrar em certas regiões, como acontece com diversas redes e cadeias produtivas.
Ocorre a compra direta	Os compradores organizacionais costumam adquirir aquilo de que precisam direto do fabricante, com poucos ou nenhum intermediário nesse procedimento. Isso é normalmente observado com produtos/serviços de maior complexidade.

Fonte: Kotler e Keller (2012).

Ao analisar as características dos mercados organizacionais, é possível identificar diferenças básicas entre eles e os mercados consumidores. Tais diferenças se referem não só à quantidade de compradores, mas também a aspectos ligados ao volume das compras realizadas, aos critérios utilizados em cada decisão de compra, à quantidade de envolvidos nas decisões sobre aquisição, entre outros. O quadro 7 resume essas diferenças.

Quadro 7

Diferenças entre mercado organizacional e mercado consumidor

Característica	**Compradores organizacionais**	**Consumidores (pessoas físicas)**
Número de compradores no mercado	Poucos	Muitos
Volume de compras	Grande	Pequeno
Critérios de decisão	Primariamente racionais	Racionais e emocionais
Interdependência entre comprador e vendedor	Forte	Fraca
Número de pessoas envolvidas nas decisões de compra	Muitas	Poucas

Fonte: baseado em Cateora (apud Churchill Jr. e Peter, 2000).

Os compradores organizacionais costumam ser divididos em categorias que permitem analisá-los e compreender os atributos e atuações de cada um. Essas categorias são as seguintes:

- *Produtores.* São organizações que adquirem bens e/ou serviços para produzir outros bens e/ou serviços, como Petrobras, Ford, Kibon e outras. É o maior segmento de compradores organizacionais.

- *Intermediários*. São aqueles que compram produtos para revender com lucro, sendo também conhecidos como revendedores. Essas instituições vendem grandes quantidades de produtos adquiridos de fornecedores variados e tendem a resistir a comprar novos produtos. Exemplos de intermediários envolvem Walmart, Pão de Açúcar, Carrefour, Casas Bahia e similares.
- *Organizações governamentais*. São aquelas que atuam visando à redução de custos e normalmente terceirizam seus serviços. O processo de vendas para as organizações governamentais ocorre por intermédio de licitações. Embora tais compras eventualmente acarretem margens de lucro menores, compensam pela escala, como ocorre nas compras feitas, por exemplo, pelo governo federal e pelas Forças Armadas.
- *"Outras instituições"*. É a categoria em que se encontram as instituições não lucrativas, que em geral adquirem bens ou serviços em benefício próprio, como universidades, hospitais, igrejas etc. (Churchill Jr. e Peter, 2000).

A partir da compreensão dos atributos dos compradores organizacionais, é interessante que se analisem as relações que os abarcam, como mostrado a seguir.

Elementos de aptidão em mercados organizacionais

Entendendo os principais elementos que denotam aptidão nos mercados organizacionais, torna-se mais fácil compreender as relações neles existentes.

O primeiro elemento, também conhecido como uma das forças de um mercado organizacional, é a demanda organizacional, a qual é submetida a variações conforme a realidade do ambiente em que a empresa atua. Como características principais da demanda organizacional, observam-se a demanda derivada e os princípios da aceleração, explicados no quadro 8.

O segundo elemento é a concorrência – quanto maior a concorrência, menor a tendência de uma mesma empresa conseguir uma superioridade sobre as demais no mercado. Por exemplo, o fato de uma empresa conseguir ser a única fornecedora de seu cliente organizacional a fortificará em negociações com esse cliente, uma vez que a dependência de um único fornecedor por parte de uma empresa faz com que esta reduza seu poder de barganha por não poder negociar com outros fornecedores. Já o terceiro elemento é a tecnologia, subdividida em tecnologia de produtos e tecnologia de processos.

Quadro 8

Características dos elementos dos mercados organizacionais

Característica	Subdivisão	Comentários
Demanda organizacional	Demanda derivada	Quanto a organização compra depende de quanto seus consumidores compram.
	Princípios da aceleração	Pequenas mudanças na demanda do consumidor resultam em grandes mudanças na demanda da organização.
Concorrência	—	Com a finalidade de evitar perdas para concorrentes, diversas organizações se esforçam para serem as únicas fontes de suprimentos de seus clientes. O fato de haver uma quantidade reduzida de compradores organizacionais possibilita que os vendedores conheçam melhor as necessidades e desejos de seus clientes.
Tecnologia	Tecnologia de produtos	Auxilia na melhoria de um produto ou torna-o adaptável a demandas variadas.
	Tecnologia de processos	Ajuda a melhorar os processos de uma estrutura organizacional, maximizando sua produtividade e reduzindo eventuais gargalos existentes.

Fonte: Churchill Jr. e Peter (2000).

Como anteriormente apresentado, os consumidores podem exercer papéis de compra variados conforme a situação mercadológica em que se encontrem. Nos mercados organizacionais não é diferente, com papéis de compra perceptíveis, porém distintos daqueles observados no mercado consumidor.

Papéis de compra em mercados organizacionais

Diferentemente dos papéis de compra existentes no mercado consumidor, nos mercados organizacionais os papéis de compra carecem de um maior detalhamento, uma vez que, nas empresas, as responsabilidades são maiores e as compras se referem, normalmente, a uma maior quantidade transacionada, quando comparadas às realizadas por indivíduos para seu próprio consumo. É comum haver departamentos de compra e venda nas empresas, o que exige uma decisão muitas vezes conjunta a respeito do que comprar, em que quantidade e em que situação. Os papéis de compra nas situações B2B (isto é, em mercados organizacionais) são apresentados no quadro 9.

Exemplificando os papéis de compra citados no quadro 9, um iniciador poderia ser um colaborador da empresa ou mesmo o usuário do produto fabricado. O influenciador pode ser representado por uma equipe técnica, por ser uma fonte importante de influência em empresas, independentemente de sua natureza.

Quadro 9
Papéis de compra em mercados organizacionais

Papéis de compra	Características
Iniciador	Solicita a compra de um produto ou serviço que seja necessário à organização.
Influenciador	Impacta a decisão da compra com sua influência. Uma equipe técnica pode ser uma fonte particularmente importante.
Decisor	Decide as exigências que devem ser atendidas pelo produto ou serviço.
Aprovador	É responsável por permitir a realização das ações propostas por decisores ou compradores.
Comprador	É uma pessoa com autoridade formal para escolher o fornecedor e definir os termos da compra a realizar.
Filtros internos	Têm a autoridade de evitar que vendedores ou informações inúteis alcancem os membros do processo de compras.
Usuário	É quem utiliza o produto ou serviço.

Fonte: Kotler (1998).

O decisor, em geral, é um gerente técnico que, pela natureza de sua função, tem contato com as necessidades do cliente. Já o aprovador costuma ter autoridade hierárquica na empresa para confirmar ou reprovar as ações propostas, como compras, instalações etc. O papel do comprador, em mercados organizacionais, costuma ser exercido por altos gerentes, os quais têm o poder de autorizar ou vetar a contratação de algum fornecedor. Filtros internos podem ser, por exemplo, as secretárias ou recepcionistas, e os usuários podem ser funcionários ou até setores específicos (Kotler, 1998).

O macroambiente

O macroambiente se refere a variáveis sobre as quais a organização não tem controle, mas que, apesar disso, afetam-na em termos de oportunidades e ameaças que podem ocorrer, de decisões a serem tomadas em curto e longo prazos e também em termos de decisões derivadas de ocorrências que afetam o mercado como um todo.

Em outras palavras, o macroambiente em que uma empresa se insere pode ser entendido como o conjunto de fatores externos a ela, os quais não são controlados por ela, mas interferem nas suas decisões mercadológicas. Tais fatores não podem ser alterados pela empresa, mas ela pode se adaptar a eles ou se precaver contra sua ocorrência ou suas consequências, adaptando a estratégia a ser adotada.

Os estrategistas das empresas devem ter em mente que às empresas não é possível alterar ou controlar os componentes do macroambiente. Por exemplo, nenhuma organização tem o poder de alterar a taxa de inflação ou o índice de desemprego, mas estes a afetarão, pois com maior desemprego ou inflação alta, há a tendência de as vendas se reduzirem, o que impacta – neste caso negativamente – as empresas em geral. Assim, alterações que ocorram em um dos componentes do macroambiente devem ter como resposta uma alteração na estratégia da empresa, visando aproveitar uma oportunidade que surja ou evitar uma ameaça que seja percebida.

O macroambiente é composto por seis dimensões, também chamadas de forças macroambientais, como mostrado na figura 3.

Figura 3
Componentes do macroambiente

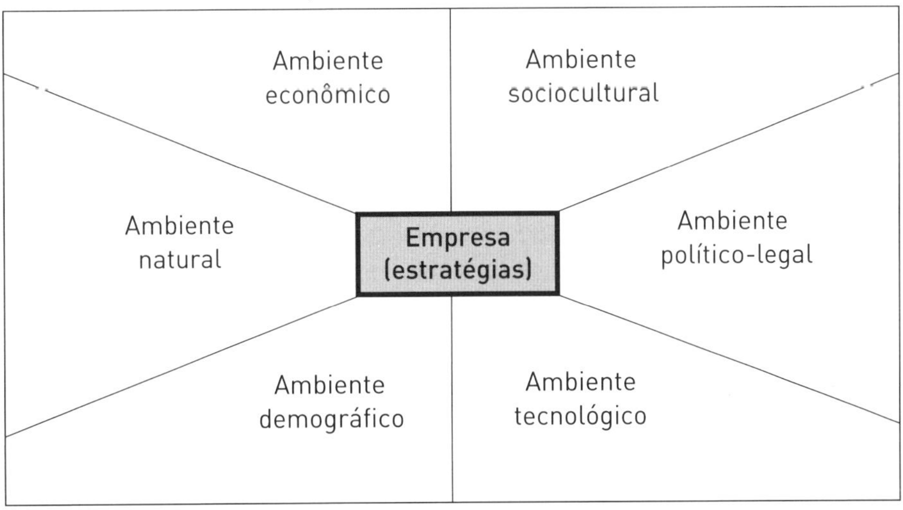

Fonte: adaptada de Churchill Jr. e Peter (2000).

Ambiente sociocultural

Pode-se dizer que está relacionado à cultura da sociedade. Este componente se refere às instituições e pessoas de uma sociedade, aí incluídos seus valores, crenças, culturas e comportamentos. Ilustrando, o ambiente sociocultural é aquele em que se encontram a moda, as alterações de atitudes – por exemplo, contatos virtuais (via internet) em vez de presenciais –, hábitos alimentares – como evitar glúten e gordura –, a preocupação dos indivíduos de certa região em seguir o veganismo etc. Uma empresa é impactada por alterações nesse ambiente porque, se parte da sociedade passar a seguir determinada conduta, esta poderá interferir na atuação mercadológica da empresa. Um exemplo foi a moda das conhecidas pochetes há alguns anos. Diversas empresas passaram a produzir e distribuir tais produtos, mas repentinamente a moda acabou e as empresas foram afetadas.

Ambiente político-legal

Engloba leis, regulamentos, normas legais, agências governamentais e grupos de pressão que influenciam e limitam várias organizações e indivíduos em uma dada sociedade. Nesse ambiente se inserem grupos organizados para fazer *lobby* em favor de alguma causa ou interesse. Aqui também pode ser citado o surgimento do Código de Defesa do Consumidor, que desde seu lançamento alterou a percepção dos clientes de diversos setores a respeito de seus direitos e obrigações.

As organizações são afetadas pelo ambiente político-legal, uma vez que as leis que forem aprovadas, por exemplo, terão de ser cumpridas e seguidas por todos; mesmo que a empresa não considere aquela nova norma adequada à sua atuação, ela terá de cumpri-la, assim como todos os demais *players* daquele mercado. Ou seja, trata-se de algo que interfere no âmbito macro, em termos político-legais.

Ambiente tecnológico

Engloba o conhecimento científico, no qual se incluem não apenas aparelhos eletrônicos avançados, mas pesquisas, invenções e inovações que resultam em bens e serviços novos ou aprimorados. Um exemplo simples de ser percebido como fazendo parte desse ambiente é o *e-commerce*, isto é, o comércio eletrônico, algo que veio se desenvolvendo há tempos e atualmente é amplamente utilizado, graças às tecnologias avançadas de negociação via internet. Outros exemplos dizem respeito a redes sociais, descobertas na medicina, invenções na engenharia (como novas formas de construir pontes e edificações), acesso remoto etc.

As empresas são amplamente impactadas pelo ambiente tecnológico, uma vez que o surgimento de uma nova tecnologia pode direcionar toda uma indústria para que siga o que for mais moderno, assim prejudicando os que não conseguirem seguir tal tendência. Quando surgiram os CDs (*compact discs*), a indústria de LPs decaiu fortemente; mais tarde, com a tecnologia de música em formato mp3, foram os CDs que praticamente desapareceram. Em seguida, com o surgimento do sistema de *streaming* (por exemplo Spotify, Deezer, Apple Music etc.), o formato mp3 deixou de ser utilizado como antes.

Nota-se que alterações no ambiente tecnológico podem impactar, em um curto período, um mercado como um todo, e as empresas devem se adequar a isso.

Ambiente demográfico

Trata do estudo da população humana em termos de tamanho, densidade populacional, idade, sexo, ocupação, religião, etnia, tamanho da família, entre outros elementos. Em suma, é o ambiente que se ocupa das características das pessoas que compõem o mercado, uma vez que tais características podem influenciar o que vai ser oferecido, de que forma e a quem.

O impacto do ambiente demográfico nas empresas é observado frequentemente. Uma organização que tencione atender a um novo mercado terá de conhecer as características – físicas inclusive – dos consumidores a quem pretende oferecer seus produtos. Por exemplo, uma região em que preponderem idosos tende a apresentar uma oferta maior de farmácias; já uma região cujos habitantes tenham a pele clara se mostra propícia à oferta de filtros com alto fator de proteção solar (FPS).

Ambiente natural

É aquele referente aos recursos naturais disponíveis para uso da organização ou que são por ela afetados. Nesse caso, observam-se itens como poluição, descarte de objetos e dejetos, influência do clima e do relevo, reciclagem de materiais e outros mais que possam impactar o meio ambiente. As empresas são afetadas pelo ambiente natural, pois é dele que retiram matérias-primas de que necessitam para sua produção e porque, caso elas ocasionem algum desastre ambiental, serão não apenas responsabilizadas por tal fato, como também sofrerão as consequências em termos de menor quantidade de substâncias disponíveis para sua atuação produtiva. Um exemplo que ilustra a importância de conhecer o ambiente natural se refere ao clima. Em dias quentes de verão, os fabricantes de sorvetes deverão estruturar sua produção de forma diferente da ocorrida em dias frios de inverno. Isso impacta a produção e a distribuição dos produtos, acarretando eventuais alterações na estratégia da empresa fabricante.

Ambiente econômico

É composto por fatores que afetam o poder de compra, os gastos do consumidor e aspectos relacionados a finanças e economia em geral. O ambiente econômico engloba diversos fatores que, uma vez mal utilizados ou mal aproveitados, podem causar despesas indesejadas ou gerar problemas de caixa nas organizações. Itens como inflação, produto interno bruto (PIB), renda *per capita*, nível de emprego, nível de produção, taxa de câmbio, juros e outros mais compõem esse ambiente, extremamente relevante para a saúde financeira das empresas.

Um impacto do ambiente econômico pode ser observado quando há uma alteração na taxa de câmbio de certo país. Se uma empresa importa materiais do exterior para fabricar seus produtos, pagando por eles em dólares, no caso de uma alteração na taxa de câmbio, tais materiais podem se tornar mais caros (o que seria uma ameaça à empresa) ou mais baratos (constituindo uma oportunidade). Como há uma referência aos recursos financeiros, as empresas costumam estar bastante atentas a esse ambiente, a fim de evitar surpresas em termos pecuniários e patrimoniais.

Ressalta-se que, ao realizar uma análise macroambiental, o foco não deve recair sobre a empresa em si. Tal análise tem seu âmago nas forças externas à organização, as quais têm a capacidade de impactar não somente a empresa estudada, mas todo o seu setor de atuação. Assim, quando um profissional de marketing realiza uma análise macroambiental, seu interesse deve estar no setor como um todo, e não em uma empresa em particular, já que as forças macroambientais impactam todos os concorrentes de um mesmo mercado.

O microambiente

O microambiente é aquele composto por agentes próximos à empresa, os quais possuem o poder de afetar sua competitividade e sua capacidade de servir os clientes (Kotler e Armstrong, 2015). As forças componentes do microambiente podem vir a ser alteradas de acordo com a estratégia de marketing desenvolvida pela empresa, ou seja, o microambiente engloba variáveis controláveis. Fazem parte do microambiente de uma empresa diversos atores, como os apresentados a seguir.

Fornecedores

Entregam os recursos necessários para que a empresa tenha condições de fabricar aquilo que oferece ao mercado. Se os insumos fornecidos forem de baixa qualidade, a empresa que os utilizou será mal avaliada no mercado e, assim, a percepção do benefício fornecido por ela decairá. Caso o fornecedor eleve os preços dos insumos, haverá, em decorrência, um aumento do preço final cobrado pelo produto fabricado, com consequente redução das vendas, ou absorção do custo adicional, o que implicará redução da margem de lucro da empresa. Portanto, um bom relacionamento com os fornecedores é algo que agrega valor à empresa.

Intermediários

São responsáveis por auxiliar a empresa a promover, vender e distribuir seus bens para os clientes finais. Servem muitas vezes como um elo entre o fabricante e o consumidor. É comum a referência aos chamados canais, que são intermediários entre quem fabrica e quem consome, tais como atacadistas, varejistas e distribuidores.

Clientes

São aqueles que utilizam o que é produzido pela empresa, pagando por isso. Os clientes podem ser corporativos ou individuais (Kotler e Armstrong, 2015). Os clientes corporativos (empresas e organizações, por exemplo) compram, em geral, grandes quantidades de um produto. Como tais compras são vultosas, há maior espaço para negociar os valores a serem cobrados. Já os clientes individuais adquirem quantidades menores de produtos variados, o que os leva a ter menor poder de negociação.

Concorrentes

São aqueles que disputam o mercado-alvo com produtos/serviços similares aos da empresa em questão. Os concorrentes são divididos em dois tipos: diretos e indiretos. Concorrentes diretos são as empresas que oferecem um mesmo produto para um mesmo mercado – como Coca-Cola × Pepsi –, enquanto os concorrentes indiretos são aqueles que disputam com outra empresa os mesmos clientes, porém ofertando produtos diferentes – como Coca-Cola × sucos Maguary.

Público

Qualquer grupo que tenha algum interesse – real ou potencial – na empresa. Pode ser o público interno (como os funcionários e conselheiros da empresa), os públicos locais (como associações de moradores de certo bairro), o público geral (também conhecido como "opinião pública"), entre outros.

Governo

Relaciona-se com a empresa, mediando negociações entre ela e seus funcionários, aplicando sanções, recebendo impostos e taxas etc. O governo tem interesse nas empresas, pois delas provém grande parte da receita de impostos, elas ajudam no desenvolvimento regional e na geração de empregos e fornecem benefícios que são úteis à população (como vale-refeição, plano de saúde etc.). Como grande parte da receita do governo é oriunda de impostos, ter um setor empresarial saudável é de enorme interesse dos governantes. Além disso, como muitas empresas fornecem benefícios a seus funcionários, como os citados acima, não é necessário que o governo arque com o custo desses serviços se as empresas se responsabilizarem por eles.

Comunidade

Apresenta-se de modo multifacetado, como órgãos representativos e lideranças variadas. Relações com a comunidade demandam equipes multidisciplinares por parte da empresa, que, uma vez obtendo uma percepção positiva da comunidade em geral, tenderá a conseguir uma boa receptividade de seus membros. A relação com a comunidade foca em responsabilidade social, sustentabilidade, ética e respeito. Há diversas comunidades a serem consideradas, por exemplo, a comunidade financeira, as comunidades locais e os grupos de pressão (estes podem ser setoriais, como sindicatos e entidades de classe, ou promocionais, ou seja, aqueles que lutam por causas específicas, como um movimento antirracismo, por exemplo).

Além do microambiente, os profissionais de marketing devem também estar cientes das forças internas da empresa, conhecidas como variáveis internas. Estas são inter-relacionadas e compõem o ambiente intrínseco à organização, responsável pelo andamento das atividades primordiais ao seu funcionamento.

As variáveis internas estão apresentadas a seguir. Seus nomes costumam ser os dos setores que as aplicam (Berkowitz et al., 2003):

- *Financeira.* Tem como atribuição o controle da tesouraria, contas a pagar e receber, investir recursos da empresa etc.
- *Recursos humanos.* Foca em recrutamento, admissão, treinamento e desligamento de funcionários.
- *Comercial.* Responsável pelas atividades de venda dos produtos ou serviços da empresa.
- *Produção.* Tem como função obter insumos e adequá-los para o uso dos clientes, sendo que os insumos podem ser matérias físicas, dados ou algo direcionado a serviços. Visa elaborar produtos do modo mais econômico e eficiente possível.
- *Pesquisa e desenvolvimento (P&D).* Sua atribuição é pesquisar e desenvolver novos produtos, além de realizar levantamentos de viabilidade produtiva e econômica.
- *Marketing.* Controla canais, comunicação com mercado, promoções, precificação; planeja aprimoramentos de produtos de acordo com pesquisas com consumidores, entre outros.

A relação observada entre o macroambiente, o microambiente e as forças internas da empresa é apresentada na figura 4. Nela, é possível perceber que o macroambiente influencia o mercado como um todo, o qual orienta a atividade da empresa. Esta tem o poder de controlar certas variáveis, mas certamente não há como controlar ou definir as que fogem ao seu alcance, as chamadas variáveis externas, que são não controláveis pela empresa por sua própria natureza.

Figura 4
Relação entre os ambientes

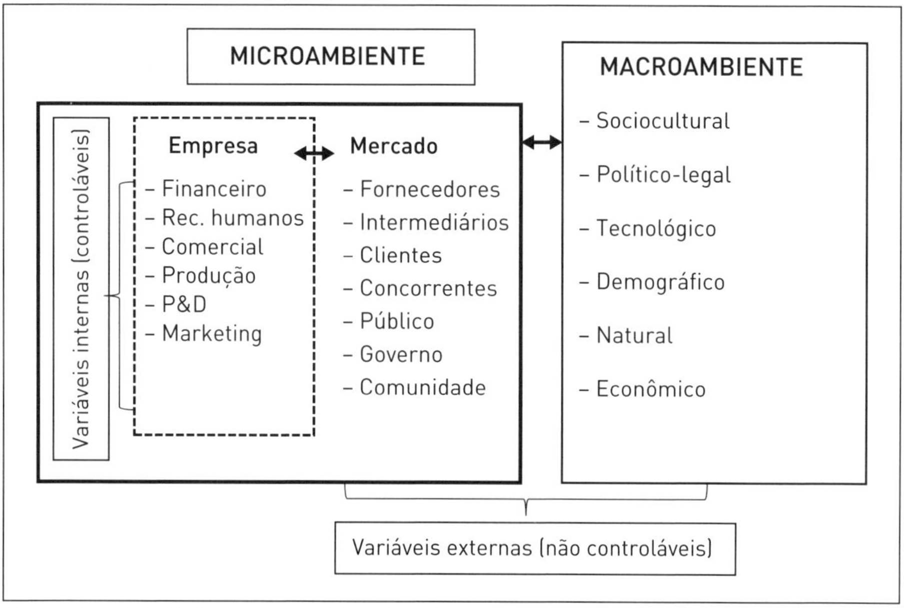

Fontes: adaptada de Kotler e Armstrong (2015); Churchill Jr. e Peter (2000).

Cabe às empresas definir estratégias que sejam adequadas ao seu bom andamento, buscando um desempenho superior e alcançando vantagens competitivas sustentáveis. Conhecendo o macroambiente, por meio de análises coerentes que possibilitem identificar potenciais oportunidades e ameaças, a empresa pode se planejar melhor para sustentar um relacionamento exitoso com seus *stakeholders* e os componentes do mercado como um todo. Isso será ainda otimizado caso a empresa consiga um controle pertinente das variáveis controláveis, elevando seu potencial de responder aos anseios dos consumidores.

Uma maneira de coletar dados e analisá-los visando à tomada de decisões é utilizar tecnologia. E esta é, muitas vezes, responsável por permitir um adequado controle de qualidade e desenvolvimento de produtos afinados com o interesse do consumidor, o qual, por ser frequentemente volúvel, deve ser monitorado. Para isso é feito uso do sistema de informações de marketing, apresentado na seção "Previsão e mensuração da demanda", no capítulo 3.

Orientações da empresa em relação ao mercado

Quando uma empresa atua em certo contexto de mercado, ela deve se adequar à realidade apresentada, o que pode exigir um ou outro tipo de atuação, ou seja, uma orientação de certa natureza ou outra distinta.

Há diversas orientações que as empresas podem seguir quando atuam em determinado mercado. Uma orientação não é necessariamente melhor que a outra, mas cada uma pode ser adequada a certa conjuntura. As principais, segundo Kotler e Keller (2012), são as apresentadas a seguir.

- *Orientação para produção.* Nota-se uma preocupação em produzir e informar que os produtos existem, deixando que os clientes os procurem. Não há uma preocupação com aquilo que o cliente deseja ou aprecia; o foco é produzir em quantidade para vender, ou seja, o foco é na fabricação dos produtos. Nessa orientação, sustenta-se que os clientes darão preferência a produtos fáceis de encontrar e de custo baixo. Um exemplo são os produtos chineses de uso cotidiano, tais como canetas e meias, que são direcionados a uma grande população, a qual levará em consideração o preço e a facilidade de acesso a tais itens.
- *Orientação para produto.* Entende-se que os clientes darão preferência a produtos que ofereçam qualidade e desempenho superiores, ou que sejam inovadores. Entretanto, mesmo produtos melhores podem não atrair clientes se estes não perceberem que há qualidade naquilo que lhes é ofertado. Os clientes devem perceber algum benefício no produto para que surja interesse. Por exemplo, um fabricante de ratoeiras pode desenvolver uma ratoeira extremamente versátil e de ótima qualidade – superior aos "modelos" anteriores de ratoeiras –, mas isto não irá, necessariamente, expandir o mercado em que atua, pois este é restrito por sua própria natureza.
- *Orientação para vendas.* Quando uma empresa produz em excesso e não tem como vender tudo o que fabricou, utiliza esse tipo de orientação para tentar se livrar do estoque excessivo. O foco, nesse caso, é vender os produtos aos clientes. Parte-se do princípio de que, em vez de fabricar o que os consumidores desejam, a empresa vai fabricar o que achar conveniente e oferecer ao mercado. Trata-se de uma orientação praticada de modo mais agressivo com produtos pouco explorados, que os consumidores dificilmente pensam em comprar – por exemplo, seguro de vida. Outro exemplo da orientação para vendas é visto na oferta de camisas de um

time de futebol que foi eliminado precocemente de um torneio – nesse caso, o fabricante das camisas vai tentar se livrar do estoque de camisas da forma que for possível, inclusive praticando preços reduzidos, pois a demanda tende a diminuir com a eliminação do time.

- *Orientação para marketing.* O foco é no consumidor. Assim, deve-se focar no que o cliente deseja e não no que a empresa acha que ele deseja, ou seja, deve-se entender o anseio do cliente para, então, produzir o que lhe trará satisfação (e resultados positivos para a empresa). Isso ocorreu, por exemplo, com a Apple, que primeiro percebeu o interesse dos consumidores por smartphones e pelos benefícios que esses aparelhos poderiam fornecer, para, em seguida, produzi-los e apresentá-los ao mercado.

Além das orientações expostas, há ainda uma orientação considerada mais moderna, que reconhece que no marketing "tudo é importante" – ou seja, o consumidor, os funcionários e a concorrência, assim como a sociedade em si – e que, muitas vezes, se faz necessária uma perspectiva abrangente e integrada. Trata-se do marketing holístico.

O marketing holístico é moldado por meio de uma integração entre seus componentes. Seu âmago recai na responsabilidade social, no relacionamento (com clientes, parceiros e canais), no marketing integrado e no marketing interno.

Para compreender o marketing integrado, é preciso ter em mente que o programa de marketing consiste em numerosas decisões quanto às atividades a serem desenvolvidas para aumento de valor. Os profissionais de marketing devem delinear atividades da área e montar programas totalmente integrados para criar, comunicar e entregar valor aos consumidores. Já o marketing interno é a tarefa de contratar, treinar e motivar funcionários capazes que queiram atender bem os clientes. Não há sentido em prometer um serviço excelente antes que a equipe esteja pronta para fornecê-lo.

Miopia em marketing

Um conceito clássico, porém atual e de suma importância para a compreensão de uma atuação empresarial apropriada, é o conceito de miopia em marketing. Criado por Theodore Levitt em 1960, ele expõe que não é possível a uma empresa ter sucesso sem saber como agradar a seus clientes, ou seja, ela precisa entender o que o cliente deseja. Assim, as empresas não devem se considerar apenas fabricantes de produtos ou serviços, mas sim entender como devem atrair os consumidores para uma relação comercial de longo prazo, mantendo-os satisfeitos, agregando valor e sustentando uma percepção de alto valor por parte dos clientes.

Mas como conseguir prover aos consumidores algo que eles valorizem? É necessário que a empresa entenda aquilo que os clientes desejam e valorizam, em vez de supor que sabe quais são as preferências daqueles que, teoricamente, adquirirão os produtos ofertados. Assim, a miopia em marketing é algo a ser evitado. Ela se refere ao fato de algumas empresas focarem no *produto* (ou seja, naquilo que a empresa fabrica) em detrimento do *cliente* (aquilo que ele deseja), o que termina por acarretar situações complicadas para a empresa no longo prazo.

No estudo da miopia em marketing, é relevante considerar a existência do chamado ciclo autoilusório, típico de alguns negócios "de rápida expansão" que declinam velozmente, apresentando grande ascensão e queda despercebida. Este ciclo é composto por quatro condições, muitas vezes responsáveis pela ruína de uma empresa (Levitt, 1960). O quadro 10 apresenta as quatro condições citadas, analisando cada uma.

Quadro 10

O ciclo autoilusório da miopia em marketing

Condição	Análise
1. A crença de que o crescimento é assegurado por uma população em expansão e mais opulenta	Se os consumidores estão se multiplicando e também usando mais o produto/serviço daquela empresa, pode-se esperar um futuro bem mais tranquilo do que se o mercado estivesse em retração. Um mercado em expansão favorece o produtor, o qual pode pensar que terá à disposição um maior número de potenciais clientes. Se o mercado se expande sem que seja necessário estimulá-lo para isso, as empresas não se esforçam para gerar inovação ou aprimoramentos.
2. A crença de que não há um substituto competitivo para o principal produto da empresa	Se a empresa crê que não há nenhum substituto para seu produto, certamente não se preocupará em melhorá-lo. Assim, quando algum concorrente mais avançado aparecer, já surgirá com alguma vantagem competitiva, que, possivelmente, irá reduzir o mercado da empresa que acreditava não ter concorrentes ou substitutos.
3. Excesso de fé na produção em massa e nas vantagens do rápido declínio do custo unitário com o aumento da produção	A possibilidade de conseguir uma grande redução dos custos unitários na medida em que eleva sua produção é algo que atrai, e muito, uma quantidade considerável de empresas. As perspectivas de aumento de lucratividade são um reforço e tanto. Dessa forma, todos os esforços se concentram na produção, e a orientação de marketing é deixada de lado. Foca-se em produzir, o que leva a uma orientação para vendas, desejando se livrar do estoque de qualquer maneira, sem se preocupar com as necessidades do consumidor.
4. Preocupação com um produto que se preste à experimentação científica cuidadosamente controlada, ao aperfeiçoamento e à redução dos custos de produção	Os gestores das empresas que se expandiram de forma muito veloz tendem a focar em atividades que se prestam a um estudo cuidadoso, experimentação e controle, que são fatores existentes em uma prática de laboratório, de um ambiente controlado. A realidade do mercado é desconsiderada. Tendo em vista que consumidores são imprevisíveis e variáveis, é relevante considerar o imprevisível, em um mercado real.

Fonte: Levitt (1960).

Sumarizando, a miopia em marketing deve ser evitada. Para tanto, é necessário que cada empresa atente para dois itens principais: (1) ter o cliente, e não o produto, como foco e (2) saber definir corretamente qual é seu negócio.

Exemplo

Uma empresa míope seria aquela que se define como atuante no ramo de "hambúrgueres". Nesse caso, se a empresa se apresenta como fabricante de hambúrgueres (foco no produto), caso um dia os consumidores desistam de consumir esse tipo de sanduíche, a empresa irá fechar. Caso ela se posicione como uma empresa atuante no mercado de alimentos, poderá vender não apenas hambúrgueres, mas também cachorros-quentes, biscoitos, sorvetes, pizzas etc. Assim, poderá oferecer ao mercado algo que este deseje depois que algum tipo de alimento perca apelo.

Outro exemplo pode ser observado no caso da BMW, conhecida montadora de automóveis. Seu logotipo circular azul e branco representa o movimento de uma hélice de avião, para significar as lâminas brancas sobre o céu azul. Assim, pode parecer que a empresa se estabeleceu como uma empresa fabricante de aviões (produto). Mas seu foco era em transporte (necessidade do consumidor), não se restringindo somente a aviões. Após a Primeira Guerra Mundial, a empresa teve de interromper sua produção de aeronaves devido ao estabelecido no Tratado de Versalhes. A empresa então passou a produzir motocicletas em 1923, quando as restrições do tratado começaram a ser levantadas, e depois automóveis, em 1928-29. A empresa soube evitar a miopia, uma vez que não se estabeleceu como fabricante de um produto específico (aviões), tendo como foco uma necessidade do consumidor (o transporte), o que lhe permitiu sair da produção de transporte aéreo e passar à fabricação de transportes terrestres (Ahmed, 2010).

A partir do momento em que uma empresa consegue, de forma adequada, definir o que deve ser ofertado aos consumidores e compreende as influências externas do ambiente, bem como as peculiaridades de seu desempenho interno e seus contatos relevantes, é hora de focar em aspectos da gestão do marketing, o que será abordado a seguir.

3
Gestão de marketing

Para gerenciarmos qualquer coisa, precisamos identificar um objetivo e traçar o passo a passo para atingi-lo. Para auxiliar nesse processo, contamos com técnicas úteis de estimação da demanda pelos produtos oferecidos, o que ajuda a saber o quanto de recursos precisamos controlar, neles incluídos sistemas informatizados de gerenciamento e controle, bem como de relacionamento com os clientes.

Neste capítulo, exploraremos as estratégias e táticas do marketing relacionadas à mensuração da demanda, as estimativas desta e o sistema de informações de marketing (SIM), na busca pelo cumprimento dos objetivos organizacionais previamente definidos, fazendo com que o marketing se integre como uma das funções e áreas funcionais mais relevantes da gestão organizacional.

Estratégias, táticas, objetivos e metas em marketing

Estratégias de marketing

Quando uma empresa desenvolve uma estratégia de marketing, essa estratégia: (1) se volta à missão e à visão da empresa; (2) identifica formas de obter vantagens competitivas perante seus concorrentes; (3) tem perspectiva de longo prazo; (4) tem a intenção de atrair o consumidor, encantando-o a partir da compreensão de suas necessidades, percepções e anseios.

O desenvolvimento de uma estratégia de marketing se baseia na análise dos consumidores, dos concorrentes e das forças ambientais que podem impactar o negócio ainda que a empresa não tenha como controlá-las. O aproveitamento de tais forças, combinado com outros insumos estratégicos da empresa – como os ligados a finanças, pesquisa e desenvolvimento (P&D) e recursos humanos –, colabora para que surja um plano de ação integrado (Wind e Robertson, 1983) que indica como a empresa deve fazer uso de seus recursos a fim de alcançar os objetivos por ela estabelecidos (Davidson, Sweeney e Stampfl, 1988).

Uma estratégia que leve o cliente a perceber um valor superior no que a empresa lhe oferece, comparado ao oferecido pelos concorrentes, será a mais eficaz. Assim, o valor percebido pelo cliente se apresenta como um alicerce para o desenvolvimento de estratégias de marketing. Dessa forma, quando uma estratégia de marketing é elaborada, deve estar focada em: desenvolver e aprimorar produtos, conforme o desejo do cliente; precificar tais produtos de forma honesta e coerente; realizar a distribuição do que é oferecido de modo conveniente e divulgar o produto de modo apropriado, convincente e persuasivo.

A estratégia de marketing pode ser analisada por meio de duas dimensões distintas (Toaldo e Luce, 2006). Uma se refere aos aspectos funcionais e é dirigida à criação e manutenção da lealdade do consumidor, o que pode ser obtido por intermédio do reconhecimento da marca, dos serviços fornecidos ou da distribuição e seu alcance. A outra dimensão, mais relacionada à filosofia, enfatiza a cultura organizacional e sua orientação e foco no mercado de atuação da empresa no longo prazo. Assim, há uma responsabilidade do marketing no sentido de elaborar uma estratégia em dois níveis:

- *Operacional.* Refere-se ao planejamento daquilo que será oferecido ao mercado, a que preço será vendido, como serão a distribuição e a forma da divulgação.
- *Estratégico.* Refere-se a como os colaboradores da empresa atuam visando alcançar de forma eficaz os objetivos organizacionais, gerando satisfação nos consumidores.

Observação

É importante diferenciar tática de estratégia. De forma básica, pode-se entender a estratégia como a elaboração do planejamento da corporação, o qual serve como um norteador para toda ela, uma vez que se baseia na situação atual para direcionar o que fazer no futuro, a fim de alcançar uma posição mais promissora. Em outras palavras, a estratégia permite à empresa analisar sua situação presente para que defina o caminho a seguir, visando ao longo prazo.

Já a tática é um componente da efetivação da estratégia. Por meio da tática, os movimentos pertinentes são realizados de modo harmonioso com vistas a seguir o conteúdo da estratégia elaborada. A tática tem preocupação maior com as ações a serem realizadas no curto prazo; a estratégia, por sua natureza, preocupa-se com o longo prazo.

Exemplo

Um exemplo interessante que pode ser analisado é o seguinte: um time de futebol, com o objetivo de empatar o jogo e assim se classificar para a próxima fase do torneio, terá como estratégia jogar na defesa. Mas se o goleiro adversário, em certo momento, escorregar e cair no chão, o atacante vai chutar para o gol, em uma ação meramente tática, que tem o prazo mais curto em termos de implementação.

A fim de aplicar as estratégias e táticas delineadas do modo mais eficiente possível, o profissional de marketing deve percorrer um processo de planejamento, o qual direcionará a empresa como um todo em busca de objetivos comuns aos que dela fazem parte.

Planejamento e plano de marketing

Qualquer empresa que tenha intenção de atuar de forma adequada em termos de marketing deve realizar um planejamento, o qual levará a um plano de marketing, responsável por direcionar toda a organização na busca pelos objetivos definidos, vindo a cumprir a missão definida pela alta direção.

É importante, então, diferenciar planejamento de plano, pois são termos que usualmente levam a alguma confusão. Um planejamento é um conjunto de ideias, concepções, inspirações, abstrações e propostas que são estruturadas, de forma abstrata, na mente de um planejador. Quando esse conjunto de propósitos é apresentado por escrito, de maneira ordenada, lógica e fundamentada, há um plano.

Quando há referência ao planejamento estratégico de marketing de uma empresa – isto é, aquele que se refere diretamente à estratégia organizacional –, está-se tratando da perspectiva que orienta a estratégia geral de marketing em uma organização, independentemente de sua área de atuação. Por intermédio de seu planejamento estratégico, a empresa almeja um ajuste entre ela própria e o ambiente em que está inserida, a fim de obter e sustentar vantagens competitivas em sua área de atuação.

Normalmente, as etapas do processo de planejamento estratégico de marketing seguem alguns passos que permitem o surgimento do plano de marketing. O primeiro é a definição do negócio, ou seja, identificar a necessidade central a ser atendida pela organização em seu âmbito de atuação. Aqui é necessário lembrar a existência da miopia em marketing, que deve ser evitada pelas empresas – o foco deve estar nas necessidades dos clientes e não no produto que se deseja fabricar.

O próximo passo é extremamente importante. Trata-se de definir a missão da empresa. A missão de uma empresa é seu propósito, sua razão de ser (Churchill Jr. e Peter, 2000). Expressa onde e como a empresa opera e de que forma espera obter lucros por meio da prestação de um serviço considerado útil e desejável. É comum que, ao se criar a missão de uma organização, sejam considerados, ao menos, alguns dos seguintes aspectos: o mercado de atuação (os produtos e/ou serviços oferecidos), a área de atuação, a tecnologia utilizada ou fornecida, aspectos de sustentabilidade e de preocupação com a imagem pública, entre outros.

A declaração de missão de uma empresa deve deixar clara sua "personalidade" e sua razão de existir, tendo como foco o mercado a atender e os valores que a empresa defende. Alguns autores (Andion e Fava, 2002; David, David e David, 2014) mencionam que é relevante definir a missão em termos de satisfazer alguma necessidade do ambiente externo – e não somente na oferta pura e simples de algum produto ou serviço.

Além de definir sua missão, a empresa deve estabelecer a visão organizacional, a qual deve apresentar um quadro descritivo do que a organização pretende ser no futuro distante. É entendida como um "sonho" que se deseja alcançar em um prazo muito longo.

A visão organizacional possui algumas premissas. Uma delas é a aderência a fatos reais – as situações "sonhadas" devem ser possíveis, mesmo que não em um futuro tão próximo. Outra é o chamado equilíbrio para os *stakeholders*, indicando que a visão deve favorecer todos de forma equilibrada, com a finalidade de conseguir o comprometimento integral dos componentes da organização. E outra premissa é a descrição concisa, a fim de que a visão tenha um foco definido e fácil de ser percebido.

Comparando a missão e a visão, há diferenças claras. A visão é o que se idealiza para o negócio; a missão a identifica. A visão é aonde a empresa vai; a missão é o ponto de partida. A visão tem foco no futuro; a missão dá rumo à organização em um prazo mais curto (Salim et al., 2005). Alguns exemplos estão apresentados no quadro 11.

Após definir a missão e a visão, a etapa seguinte é analisar o ambiente em que a empresa atua. Tal análise serve como uma orientação para ela, sendo comum analisar o ambiente de marketing segundo dois aspectos: o microambiental, que se refere a variáveis que podem ser controladas pela organização, e o macroambiental, referente a variáveis sobre as quais a organização não tem controle, mas que a afetam.

Quadro 11
Exemplos de visão e missão

Empresa	Missão	Visão
Fiat	Desenvolver, produzir e comercializar carros e serviços que as pessoas prefiram comprar e tenham orgulho de possuir, garantindo a criação de valor e a sustentabilidade do negócio.	Estar entre os principais *players* do mercado e ser referência de excelência em produtos e serviços automobilísticos.
Bradesco Prime	Contribuir para a realização das pessoas e para o desenvolvimento sustentável, mediante a oferta de soluções, produtos e serviços financeiros e de seguros amplamente diversificados e acessíveis.	Ser a opção preferencial do cliente, tanto no mundo físico quanto no digital, diferenciando-se por uma atuação eficiente e para todos os segmentos de mercado.
Gerdau	Gerar valor para nossos clientes, acionistas, equipes e a sociedade, atuando na indústria do aço de forma sustentável.	Ser global e referência nos negócios em que atua.

Fontes: Fiat (s.d.); Bradesco (s.d.); Gerdau (s.d.).

Finalmente, nas etapas seguintes se definem os objetivos (e metas) e as estratégias de marketing a serem seguidas para que se alcancem tais propósitos.

As empresas visam, ainda, no intuito de atingir uma vantagem competitiva perante os concorrentes, desenvolver seus fatores críticos do sucesso (FCS), que são aquelas características, condições ou variáveis as quais, quando corretamente gerenciadas, podem ter um impacto expressivo no sucesso da empresa, considerando seu ambiente de competição (Leidecker e Bruno, 1984). Também são entendidas como as habilidades e os recursos que a empresa precisa necessariamente ter para estabelecer uma vantagem competitiva sobre seus concorrentes (Daniel, 1961). Se uma empresa tiver controle de seus FCS e um bom desempenho destes, há a tendência de que tenha um bom resultado futuro, tornando-se mais competitiva em seu campo de atuação.

Objetivos e metas em marketing

Quando um planejamento estratégico é concebido por uma empresa, ela certamente terá de se preocupar em, primeiramente, definir seus objetivos e, então, desdobrá-los em metas, as quais colaborarão para que eles sejam atingidos. Imagine uma pessoa que deseje subir ao topo de uma escada. Atingir o topo da escada em determinado prazo é o objetivo, ou seja, algo a se alcançar no longo prazo. Contudo, para que se atinja o objetivo de chegar ao último degrau da escada, é preciso que cada um dos degraus seja transposto. A transposição de cada degrau constitui uma meta; quando todas as metas forem atingidas, o objetivo terá sido alcançado.

Um objetivo é definido como um propósito de longo alcance a ser atingido em certo intervalo de tempo (Montana e Charnov, 2006). De forma mais simplista, os objetivos são resultados a serem atingidos para que a empresa possa dizer que sua missão foi cumprida.

Para ilustrar, imaginemos que uma empresa defina seu objetivo como "aumentar as vendas". Seria este um objetivo adequado? Tendo em mente que objetivos devem ser mensuráveis, fica claro que tal objetivo pode confundir os gestores. Isso porque se a empresa elevar suas vendas em um centavo terá cumprido o que está definido no objetivo. Ademais, não se cita o prazo no qual o que se deseja deve ser atingido, ou seja, alguém pode achar que se deve aumentar as vendas em um ano, enquanto outros podem entender que o prazo para isso é de 15 anos. E isso certamente não auxilia em nenhum planejamento.

Para facilitar, vale uma dica: um objetivo visa responder a duas perguntas:

- O que se quer atingir?
- Quando se quer atingir?

Sabendo disso, vamos supor que a empresa houvesse revisto seu objetivo, que passou a ser: "aumentar as vendas em 10% em um prazo de até seis meses". Neste caso, observa-se que há uma enunciação exposta em termos quantitativos, o que acaba por favorecer que se alcance o que se busca de modo mais acurado. Neste exemplo, seria possível, após os seis meses, aferir se o que se desejava foi ou não alcançado.

Definido o objetivo, podemos passar para a definição das metas. As metas têm a função de guiar o desenvolvimento dos objetivos e orientar na alocação dos recursos disponíveis (Ferrell e Hartline, 2005). Devem ser entendidas como uma quantificação dos objetivos, de forma mais específica, em termos de prazo, de valor, de magnitude ou de volume (Yanaze, 2011).

Em termos de marketing, por exemplo, caso uma empresa tenha como objetivo lançar uma nova versão de um produto em determinada data, terá de definir as metas que, uma vez alcançadas, permitirão o atingimento do objetivo. Por exemplo, a empresa pode eleger metas de definir os atributos da nova versão do produto; de identificar a cor que o produto deve ter em sua nova versão; de definir o preço que os clientes consideram adequado – o que pode eventualmente exigir uma pesquisa para tal definição –, entre outras metas que permitam o lançamento da versão aprimorada daquele produto. Com todas as metas alcançadas, o objetivo também o será.

Previsão e mensuração da demanda

Sempre que um gestor toma decisões relacionadas à atuação de sua empresa, ele se depara com um componente de extrema relevância, capaz de direcionar a estratégia empresarial ou mesmo de levar a empresa a desistir de atuar naquele mercado. Trata-se da demanda.

A demanda de determinado mercado é o volume total comprado por um grupo de clientes definido, em uma área geográfica definida, em período definido, em um ambiente de marketing e segundo um programa de marketing definido (Kotler e Keller, 2012:88). Essa definição deixa claro que a demanda depende de certas condições para ser medida. Por exemplo, a demanda por certo produto no Brasil não terá, necessariamente, a mesma magnitude da demanda por aquele mesmo produto na Argentina, na China ou na França.

Deve-se ter em mente que a demanda se refere a um volume financeiro. Além disso, ela nunca é constante, pois o mercado pode mudar em decorrência de uma crise (devido à qual a demanda por produtos supérfluos se reduz), de uma incerteza política, de um estado de euforia etc.

A demanda só existe se houver dinheiro para adquirir o produto ou serviço. Não se pode falar em demanda por celulares se ninguém desejar comprá-los, pois nesse caso a demanda seria zero (nula). Sem o desejo por algum produto, não haverá demanda por ele.

Alguns termos ajudam a compreender o conteúdo por trás do estudo da demanda de um mercado (Kotler e Keller, 2012):

- *Previsão de mercado.* Refere-se à parte da demanda de mercado total por determinado produto que, de fato, será convertida em vendas pela empresa.
- *Demanda da empresa.* É a participação que a empresa detém na demanda de mercado total, em determinado período.
- *Potencial de mercado.* É o limite máximo que a demanda de mercado é capaz de alcançar, enquanto se elevam os desembolsos com marketing. Trata-se da oportunidade de todos os vendedores de algo conseguirem

vender tudo o que oferecem – as vendas totais de um produto específico, por exemplo.

- *Previsão de vendas da empresa.* É o total que esta espera comercializar, em certo prazo, com base em um planejamento de marketing selecionado e em um ambiente de mercado (isto é, de marketing) presumido.
- *Potencial de vendas da empresa.* É o limite de vendas máximo que pode ser atingido pela empresa, conforme seu esforço de marketing aumenta em relação aos esforços dos concorrentes.

A compreensão da previsão de vendas e do potencial de mercado gera a percepção de que deve haver um planejamento por parte da empresa (isto é, uma previsão de vendas com base na realidade do mercado de atuação) e que, em qualquer mercado, as vendas não são infinitas – ou seja, há um máximo que pode ser atingido. Por exemplo, se todo o poder de compra para certo produto em determinada região é de $ 1.000.000, não adianta a empresa se esforçar para tentar obter vendas superiores a esse valor, que, no caso, é o limite máximo a ser alcançado.

A demanda pode ser apresentada em estados diversos, cada um com características próprias. Cada um desses estados implica uma ação de marketing diferente que deve ser operacionalizada pela empresa para tornar seu produto atrativo a essa demanda do mercado, como mostrado no quadro 12.

Quadro 12
Estados da demanda e exemplos

Estado da demanda	Explicação	Tarefa de marketing	Exemplo
Demanda negativa	Ocorre quando uma parcela significativa do mercado não tem apreço pelo produto, chegando a evitá-lo.	Redesenhar o produto, criando uma imagem positiva dele para o mercado.	Vacinas, cirurgias. Diversos empregadores apresentam também demanda negativa por ex-presidiários e viciados em drogas.
Demanda inexistente	O público-alvo desconhece ou não tem interesse pelo produto.	Relacionar os benefícios do produto às necessidades e aos interesses dos consumidores.	Técnicas de adubagem e cultivo de vegetais, curso de mecânica para crianças etc.
Demanda latente	Quando há necessidades do mercado que não são satisfeitas por qualquer produto que é ofertado.	Avaliar o tamanho da demanda e, sendo razoável, criar novos produtos para satisfazer os consumidores.	Edifícios seguros, prevenção de incêndios, de assaltos etc.

▼

Demanda em declínio	É aquela demanda que vem perdendo consumidores gradativamente.	Identificar causas do declínio, definir estratégias para reverter a queda e projetar nova versão do produto.	Refrigerantes calóricos, TV aberta, entre outros.
Demanda irregular	Ocorre quando há alguma sazonalidade na procura periódica (diária, mensal, semestral ou anual) pelo que é oferecido.	Sincronizar a demanda, oferecendo descontos, promoções e incentivos diversos em épocas de pouco movimento.	Viagens em férias escolares × em meses sem férias; serviços bancários no início × final do mês; loterias acumuladas × não acumuladas etc. Nos primeiros casos, a demanda é grande; nos outros, não.
Demanda excessiva	Ocorre quando há excesso na procura.	Realizar ações que não atraiam ou que desencorajem os clientes menos rentáveis de adquirir o produto.	Jogos de finais de campeonatos de futebol, shows de artistas famosos, lançamento de livros *best-sellers*.
Demanda indesejada	Refere-se à procura por produtos ou serviços que causem danos à saúde, à sociedade ou ao meio ambiente.	Convencer consumidores dos produtos nocivos a deixar de consumi-los em excesso.	Drogas ilícitas, bebidas alcoólicas, cigarros, armas etc.
Demanda plena	Ocorre quando o volume de consumidores é satisfatório para a organização.	Sustentar ou melhorar a qualidade do produto e mensurar periodicamente a satisfação dos consumidores.	Telefones celulares (considerando um mercado equilibrado).

Fonte: Kotler e Keller (2012).

Após entender seu mercado real e ter maior clareza sobre o que deve ser feito para buscar suplantar as necessidades de seu mercado potencial, é possível fazer uma estimativa acurada sobre a real demanda de seu produto.

Vale notar, contudo, que a demanda não é apenas um número, mas uma função que pode ser mensurada por meio da relação entre demanda de mercado em certo período e o esforço de marketing da indústria.

Imagine, por exemplo, que você está passeando pela rua e, de repente, bate aquela fome. Você sabe que na região onde está há quatro lanchonetes nos arredores (X, Y, Z e W). Você não tem grandes predileções por nenhuma delas; então, acaba levando outras variáveis em consideração para escolher onde vai consumir seu lanche: preços, tempo de atendimento, localização etc. De alguma forma, se você optar pela lanchonete Z, isso significa que ao comparar Z (isto é, os esforços dela em termos de produto, preço, localização e outros) com X, Y e W (isto é, os esforços de todos os demais concorrentes), você percebeu maior valor em Z, optou por consumir nela e elevou a demanda pelos produtos de Z.

Observação

A demanda de empresa é calculada do seguinte modo:

$$Dx = px.\ D$$

sendo:
Dx: demanda da empresa x;
px: participação da empresa x no mercado (*market share*);
D: demanda total do mercado em que x atua.

A participação da empresa x é calculada do seguinte modo:

$$px = Ex / (\sum Ei)$$

sendo:
Ex: esforço de marketing empreendido por x.
∑ Ei: todos os esforços dos concorrentes de x.

O "esforço de marketing" se refere a todos os esforços realizados pelas empresas para atrair o consumidor para seus respectivos produtos. Já a "participação da empresa" no mercado em que atua é chamada, em geral, pelo termo em inglês *market share*. Ela será tanto maior quanto melhores forem os esforços envidados pela empresa x, comparados aos esforços do restante dos concorrentes somados. Ressalte-se que, no mundo real, é comum que se estime o número de compradores potenciais existentes no mercado.

Observação

O potencial total de mercado é calculado do seguinte modo:

$$Q = n.q.p$$

sendo:
Q: potencial total daquele mercado;
n: quantidade de compradores de um produto específico nas hipóteses estudadas;
q: quantidade comprada por um comprador médio (típico);
p: preço médio unitário do produto.

Exemplificando, se 100 milhões de pessoas compram chinelos a cada ano e um comprador típico (isto é, o comprador médio) compra três chinelos por ano, com o preço médio de cada chinelo sendo $ 10, o potencial total de mercado para chinelos é de $ 3.000.000.000.
Esse valor foi encontrado tendo em vista os seguintes dados: n = 100.000.000; q = 3; p = 10. Logo, calculando, obtemos Q = 100.000.000 × 3 × 10 = $ 3.000.000.000.

O sistema de informações de marketing (SIM)

Hoje em dia, toda empresa necessita de informações para poder sobreviver em seu mercado de atuação. Não adianta produzir um excelente sorvete de pistache se os consumidores estão ávidos pelo sabor chocolate. Mas para conseguir identificar o que os consumidores desejam ou valorizam, ou, ainda, o que não querem nem têm intenção de adquirir, urge que haja à disposição dos gestores da empresa um sistema que permita o acesso a informações que facilitem a decisão sobre o que produzir, como precificar, como divulgar, onde distribuir, entre outras decisões extremamente relevantes.

As organizações, então, fazem uso de um sistema que consiste em "pessoas, equipamentos e procedimentos com o objetivo de coletar, selecionar, analisar, avaliar e distribuir informações que sejam necessárias, oportunas e precisas para os tomadores de decisão [da empresa]" (Kotler, 1998:111).

Referimo-nos ao sistema de informações de marketing, abreviadamente SIM, cuja função ajuda na tomada de decisões pelos gestores da empresa.

A explicação para o termo, que congrega sistemas, informações e marketing em uma estrutura conjunta, diz respeito a um tripé definido por Mayros e Werner (1982) como uma composição que utiliza dados oriundos de fontes diversas, visando unificá-los (ou seja, um sistema), gerando informação, que é distinta de meros dados, visto que estes não têm serventia até que sofram um tratamento que os torne algo útil aos gestores, permitindo a tomada de decisão sobre o produto oferecido ao mercado, o consumidor a ser atendido, a forma como persuadi-lo e outros dados do mercado – ou seja, informações relacionadas ao marketing.

O SIM envolve coleta e análise planejada, ordeira e sistemática da informação, a qual será tratada e analisada, permitindo que decisões sejam tomadas a partir de avaliações realizadas pelo sistema. Os sistemas considerados hábeis utilizados atualmente por empresas reconhecidas em suas áreas de atuação são aqueles que realizam um monitoramento contínuo das ocorrências tanto do ambiente interno à empresa quanto do ambiente externo.

Exemplo

A Amazon é reconhecida por sua atuação no comércio eletrônico em âmbito global. A empresa realiza uma diligente coleta de informações relacionadas aos usuários e às visitas destes às páginas de seu site, armazenando o que é considerado relevante, em especial aqueles dados que serão utilizados para determinar as preferências dos usuários e permitir que novas ofertas lhes sejam feitas. Tais ofertas se baseiam em visitas passadas em que preferências são identificadas, tais como formas de pagamento preferidas, autores favoritos, gêneros de literatura prediletos, faixas de preços mais buscadas, entre outras que permitam uma oferta adequada ao que é identificado como relevante ao perfil daquele consumidor. Do ponto de vista deste, parece que o site o "conhece" e se adapta às suas preferências, constituindo uma tática para elevar as vendas, oferecendo produtos apropriados às características de cada consumidor, o qual se sente mais importante por ser reconhecido pela empresa (Rez, 2016).

Um SIM é, basicamente, formado por quatro diferentes subsistemas que, apesar de distintos, costumam se comunicar a fim de prover um conteúdo relevante para a tomada de decisões por parte dos responsáveis pela administração de uma empresa ou de alguns de seus setores. Na figura 5, esse esquema é apresentado:

Figura 5
Componentes do sistema de informações de marketing

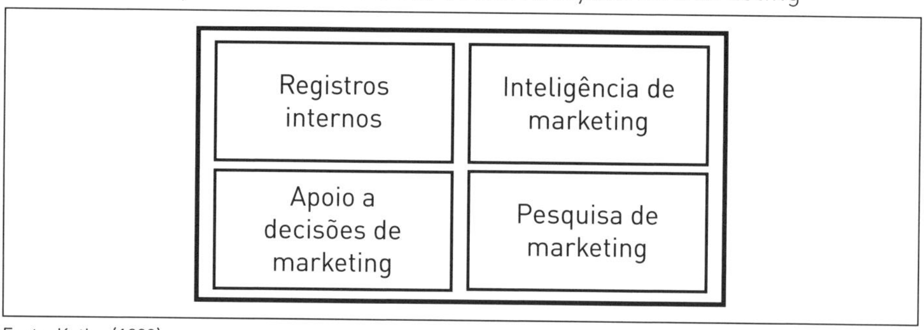

Fonte: Kotler (1998).

Os componentes, ou subsistemas, de um SIM são explicados a seguir.

- *Registros internos.* Trata-se de um subsistema em que informações internas à empresa estão organizadas. Tais informações são referentes, principalmente, a relatórios de vendas, pedidos de clientes, dados sobre estoques, contas a receber e contas a pagar, entre outros (Mattar, 1986). É comum que a alimentação do sistema de registros internos seja feita por vendedores, distribuidores e outros intermediários.
- *Inteligência de marketing.* Esse subsistema é entendido como o responsável pela análise e pelo controle de informações advindas do ambiente externo à organização. Foca em dados ocasionais, monitorando os elementos de fora da empresa sobre assuntos específicos de interesse desta (Mattar, 1986). As informações que alimentam esse subsistema têm frequência diária, mensal, periódica ou rotineira sobre eventos e acontecimentos do ambiente de interesse da empresa (Kotler, 1998).
- *Apoio a decisões de marketing.* Esse subsistema engloba um conjunto de dados, sistemas, ferramentas e técnicas – que normalmente se utilizam de softwares e, eventualmente, hardwares específicos – que fornecem alguma assistência para que a empresa tenha a capacidade de interpretar

as informações de que dispõe, avaliando sua serventia e relevância para a empresa naquele momento e contexto (Kotler, 1998). Existem diversos tipos de sistemas de apoio a decisões de marketing, como: (1) os sistemas informativos e investigativos, que averiguam informações advindas de dados geográficos; (2) os sistemas que envolvem modelos analíticos, nos quais se enquadram os modelos de previsão, de simulação e de otimização; (3) os sistemas executivos de suporte, voltados para os gestores, para que eles possam dispor de indicadores de performance e suas implicações; (4) os sistemas colaborativos de suporte à decisão, os quais combinam relatórios, para fornecer suporte a interações e discussões em grupo; (5) os sistemas de inteligência artificial, que congregam sistemas especialistas e de redes neurais (Marshall, 1996).

- *Pesquisa de marketing.* É o subsistema por meio do qual são obtidas informações para a solução de problemas específicos ou amplos, eventuais ou frequentes. Tais informações são alcançadas com a realização de pesquisas primárias, que permitem à empresa obter dados no mercado, sendo que esses dados serão tratados de modo adequado à estruturação de um relatório relevante aos gestores. Para Kotler (1998), é por meio da pesquisa de marketing que as empresas elaboram, coletam, analisam e organizam os relatórios relevantes a partir de dados avaliados, relacionados a uma situação específica de marketing. Eventualmente, empresas especializadas na realização de pesquisas de campo são contratadas para a obtenção dos dados junto ao público de interesse da empresa.

É claro que, nem toda organização tem condições de conceber, estruturar e manter um SIM, não só pelo fato de os custos serem eventualmente bastante elevados como por eventuais irregularidades na estrutura empresarial que dificultam o tráfego de informações relevantes para a tomada de decisão. Assim, quando bem gerido, um SIM pode apresentar diversos benefícios para a organização que dele faz uso, sendo também possível observar algumas desvantagens quando o SIM é mal administrado.

Entre as principais vantagens advindas do uso de um SIM por uma empresa, observam-se as seguintes: (1) maior facilidade na previsão de tendências do mercado em que a empresa se insere, o que ajuda a reduzir ou evitar eventuais problemas ou adversidades inerentes à realidade estudada; (2) a obtenção de detalhes sobre situações específicas, o que gera maior fundamento para solucionar situações variadas; (3) a facilitação, pelos gestores da empresa, de obter uma percepção mais abrangente do mercado, simplificando a análise tanto de eventos independentes quanto de tendências para o segmento de atuação da empresa; (4) o favorecimento do armazenamento de dados de períodos variados, o que melhora a compreensão do mercado e de seus eventuais ciclos, por meio do uso de bases de dados.

Já as desvantagens observadas no uso do SIM se referem, basicamente: (1) à sua dificuldade de ser concebido e implantado em empresas de pequeno porte; (2) ao fato de necessitar de dados que eventualmente só podem ser obtidos por meio de pesquisa primária, o que encarece – às vezes tornando proibitiva – a coleta de dados; (3) à necessidade de relatórios direcionados a setores específicos de uma mesma empresa, uma vez que, visando à tomada de decisão, uma mesma informação deve ser apresentada de maneiras distintas para níveis hierárquicos diferentes, o que pode tornar lento o tratamento dos dados e sua análise final para cada setor que deles necessita.

Um SIM não existe por si só em uma organização. Ele surge porque é preciso que a alta gerência seja capaz de tomar decisões corretas, no tempo adequado, de modo perspicaz e sem gerar dano futuro à empresa. Assim, há necessidade de identificar todos os *players* que participam desse processo e a interação entre eles. Isso é mostrado na figura 6.

Figura 6
Dinâmica do SIM

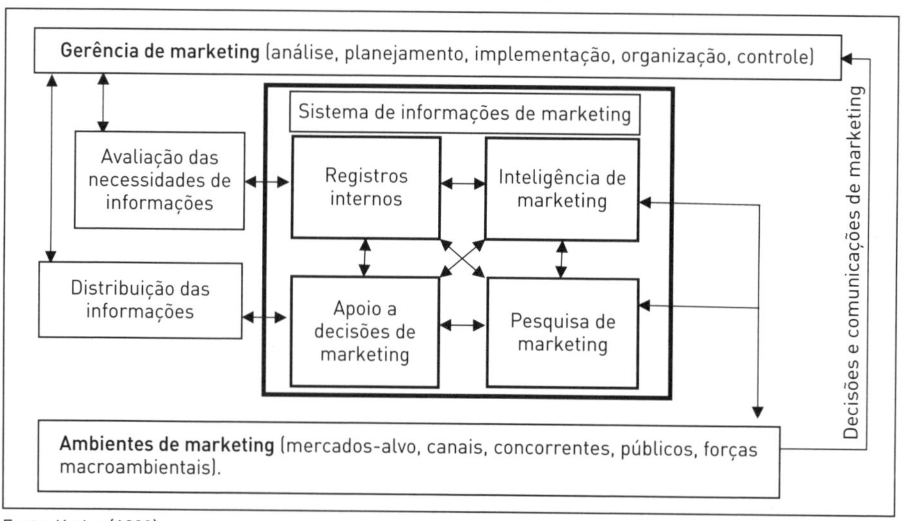

Fonte: Kotler (1998).

A figura 6 demonstra a relação entre o SIM, os ambientes de marketing e a gerência de marketing, responsável pelas tomadas de decisões a partir das informações obtidas, analisadas e tratadas pelo sistema. Há a necessidade de uma avaliação para determinar quem necessita de quais informações, assim como se percebe que as informações devem ser distribuídas de forma adequada a quem faz uso delas. As decisões tomadas pelos gestores e gerentes impactam os ambientes com os quais a organização interage e são impactadas por eles.

Marketing de relacionamento

Um relacionamento é entendido como uma ligação entre duas (ou mais) partes – que podem ser amigos, colegas de trabalho, empresas, órgãos governamentais e outros – que podem interagir entre si ou com componentes de grupos distintos dos seus. O convívio pode ser demonstrado no âmbito afetivo, profissional, familiar, comunitário ou de amizade, mas há a necessidade de serem percebidos objetivos, habilidades ou interesses similares.

Uma vez que um relacionamento ocorra entre duas partes, ele será mantido se houver, de forma adequada, um consenso entre os envolvidos quanto à forma de se comunicarem e ao modo por meio do qual haverá a convivência no longo prazo, além de respeito entre os que se relacionam entre si. Caso uma ruptura ocorra, uma das partes perderá a confiança na outra e tal fato comprometerá o relacionamento existente até então.

No âmbito empresarial, qualquer relacionamento entre uma empresa e seu cliente só ocorrerá se este tiver consciência dessa relação de forma positiva.

Relacionamentos que ocorrem entre empresas e consumidores são conhecidos como B2C (do inglês *business to consumer*). Eles serão tão mais valorizados quanto melhor for o tratamento percebido pelo cliente a partir de seus contatos com a empresa. Um relacionamento de uma empresa com outra é conhecido como B2B (do inglês *business to business*). Em ambos, a manutenção de um relacionamento adequado e valorizado pelos clientes – pessoas físicas (no caso B2C) ou jurídicas (no B2B) – é de suma importância para que os negócios prosperem e se mantenham no longo prazo.

Um exemplo de B2B pode ser percebido em uma negociação do supermercado Carrefour com a empresa Coca-Cola, visto que o Carrefour deve primeiro adquirir os produtos da Coca-Cola – em uma negociação B2B – para depois ofertá-los aos seus clientes em seus estabelecimentos varejistas (supermercados), o que consiste em uma atividade B2C.

Formalmente, o marketing de relacionamento pode ser definido como o processo de identificar e estabelecer, manter, aprimorar e, quando necessário, encerrar relacionamentos com clientes e outros interessados, com lucro, de modo que os objetivos de todas as partes envolvidas sejam alcançados e que isso seja feito pela oferta e cumprimento mútuo de promessas (Grönroos, 2009).

Ressalte-se aqui que, como pode ser observado na definição de marketing de relacionamento, caso este não seja lucrativo para a empresa, não fará sentido mantê-lo em longo prazo. Se uma empresa que aluga imóveis por temporada cobrar, por exemplo, $ 100 pela diária do cliente e este gastar $ 110 diariamente de energia, água e gás, a empresa não teria motivos para se esforçar em manter esse cliente, uma vez que ele gera prejuízo. Nesse caso, não há nada de pessoal contra o indivíduo em si, mas sim um foco na sobrevivência da própria empresa.

Um profissional que atue com o marketing de relacionamento deverá atentar ao processo de troca observado entre quem oferece e quem adquire o produto ou serviço. Esse processo deve ser voluntário e satisfatório tanto para a empresa quanto para seus clientes, e deve ser voluntário e mutuamente satisfatório (Kotler, 1998).

O marketing de relacionamento tem oito componentes principais para ser bem-sucedido (Gordon, 1998). Eles estão mostrados no quadro 13.

Quadro 13

Componentes do marketing de relacionamento

Componente	Explicação
Cultura e valores	Estes componentes devem representar o interesse real da empresa no sentido de conquistar e sustentar relacionamentos no longo prazo. Havendo grandes diferenças culturais, será mais complicada a geração ou continuação de qualquer relacionamento com o cliente.
Liderança	A liderança organizacional deve agir em conformidade com a preocupação legítima de tratar bem o cliente. Caso haja algum interesse escuso e que prejudique o cliente para gerar ganho à empresa, o relacionamento estará comprometido.
Estratégia	Refere-se ao modo de agir, planejamento e estratégias que possam ampliar as capacidades necessárias para desenvolver o relacionamento com o cliente. A estratégia deve ter foco no cliente, com objetivos e métodos de relacionamento voltados para os clientes individuais.
Estrutura	Deve ser moldada para facilitar o desenvolvimento da estratégia. Organizações estruturadas de acordo com os preceitos do marketing de relacionamento apresentam gerentes que compreendem a importância de haver categorias específicas de relacionamento não somente com clientes atuais, mas também com novos clientes, funcionários, fornecedores etc.

▼

▼

Pessoal	Deve haver treinamentos constantes para o desenvolvimento dos funcionários e colaboradores a fim de que se tornem conhecedores de processos que busquem gerar parcerias com o cliente e mantê-lo satisfeito.
Tecnologia	É algo muito relevante, pois se relaciona à rapidez e à garantia de que as informações processadas são confiáveis. Também se refere à comunicação com a clientela, ou seja, fornece opções de comunicação para auxiliar a repetição da experiência de compra. A tecnologia é relevante nas empresas por ter responsabilidade nas comunicações externas (com clientes, fornecedores e distribuidores), nas comunicações internas (internet, intranet, atendimento telefônico), na informática (facilitar o armazenamento e a recuperação de informações sobre os clientes, o que auxilia na resolução de problemas) e no conteúdo (informação sobre o cliente e seu relacionamento pregresso).
Conhecimento e percepção	Quanto mais a empresa dispuser de informações sobre o cliente, mais chances terá de estabelecer e manter um relacionamento de longo prazo com ele.
Processos	Devem ser pensados e executados tendo o cliente como foco, para que o marketing de relacionamento seja bem-sucedido. Isso pode requerer alterações nos processos existentes.

Fonte: Gordon (1998).

A gestão do relacionamento com os clientes deve ser realizada pelas empresas, sendo cada vez mais considerada um aspecto essencial para o sucesso de uma organização. A partir dessa tomada de consciência por parte das organizações, surge o conceito de CRM, ou *customer relationship management*, que é a sigla por meio da qual se conhece a gestão do relacionamento com o cliente.

O termo se refere a um conjunto de práticas, estratégias de negócio e tecnologias utilizadas pelas organizações para gerenciar e analisar as interações com seus clientes (McKenna, 1992). Esse conceito é muitas vezes utilizado em conjunto com outras ferramentas típicas da "era digital", como *big data*, inteligência artificial, *business intelligence* etc., que contribuem para o marketing online no sentido de gerar dados a respeito dos clientes, cruzá-los e obter indicativos de preferências. Enquanto sistema, o objetivo principal do CRM é dar suporte às organizações para gerar lealdade em seus clientes e atingir outros clientes potenciais, satisfazendo suas necessidades por meio do conhecimento prévio daquilo que valorizam, o que permite uma adequação dos produtos ao que é desejado pelo mercado consumidor. Ou seja, antecipar as necessidades e os desejos deste, aumentando as vendas e a assertividade das campanhas para a captação de novos clientes.

Dessa forma, um sistema de CRM, quando é eficiente, possibilita à empresa ter conhecimento dos clientes (seus hábitos, características etc.) e desenvolver relações duradouras com os mais valiosos. Permite ainda o monitoramento dos relacionamentos com o cliente ao longo do tempo (Hoffman e Bateson, 2009). Para tanto, a plataforma CRM integra dados de clientes atuais e potenciais de dois tipos:

- pessoais (nome, endereço, número de telefone etc.);
- atividades (pontos de contato com a empresa, incluindo visitas a sites, ligações telefônicas e e-mails, entre outras interações).

Cumpre notar, porém, que o que faz da ferramenta algo diferenciado não é o armazenamento desses dados, mas sim o modo como ela usa as informações dos clientes para gerenciar contas, *leads* e oportunidades de vendas em um único local. Assim, o CRM torna-se uma valiosa solução para preparar e atualizar as equipes de marketing para a identificação dos "clientes certos" para comprar determinado tipo de produto ou serviço, ajudando a reduzir os desperdícios de investimentos em canais que não sejam efetivos.

Alguns atributos do CRM devem ser lembrados quando de sua concepção (Payne, 2006):

- CRM pode ser considerado uma filosofia de negócio, porém deve ser entendido como um processo, e não apenas como um software ou uma tecnologia aplicada;
- CRM apresenta um processo que gerencia as interações entre uma empresa e seus clientes;
- alguns usos comuns do CRM podem ser observados na automação da força de vendas e no atendimento ao cliente.

É preciso ter em mente que a automação da força de vendas faz parte de uma solução de CRM, mas envolve também aspectos organizacionais e tecnológicos a serem considerados. Resumidamente, pode-se dizer que a automação se relaciona a partes do processo de vendas e não à substituição de vendedores humanos por máquinas, como pode parecer. O vendedor deve focar em buscar o relacionamento com o cliente, usando as máquinas e tecnologias como ferramentas para ajudar na apresentação do produto e em sua venda (Brambilla, Sampaio e Perin, 2008).

Exemplo

Um exemplo do potencial de utilização de CRM é a criação de cartões de programas de pontos fornecidos por redes de supermercados. É oferecida ao cliente uma vantagem para que ele se associe ao programa, como descontos em determinados produtos. A partir de então, todas as vezes que o cliente passa suas compras no caixa do supermercado, a rede fica com as informações dos produtos e as quantidades que estão sendo compradas. Ao longo do tempo, a empresa passa a conhecer com precisão o perfil do seu cliente. Assim, o atendimento a esses clientes diferenciados é customizado de acordo com o histórico de compras, as predileções e, evidentemente, as queixas deles.

Ao se vincular o CRM com o marketing de relacionamento, é possível dizer que uma operação de CRM pode ser entendida como uma abordagem mais estruturada dos princípios do marketing de relacionamento.

Assim, o CRM se constitui em um método para expandir a rentabilidade da organização devido a uma percepção mais abrangente das necessidades dos clientes. Seria o caso de identificar previamente aquilo de que os clientes podem necessitar e assim atendê-los melhor. Essa prática é mais conhecida como *marketing one-to-one* (marketing um para um), uma abordagem em que o cliente é tratado de forma individualizada, por meio de customização ou personalização do que desejar adquirir (Peppers and Rogers Group, 2001 apud Brambilla, Pereira e Pereira, 2010).

Com todas essas vantagens, parece óbvio que o investimento em CRM é algo relevante para a organização. A questão que se coloca, porém, é: quanto investir em iniciativas de CRM no relacionamento com os clientes? Rosenwald (2005) considera que a análise de relação custo/benefício é a base de avaliação das iniciativas para que a empresa se relacione com o cliente utilizando as ações de CRM, ou seja, a lucratividade das ações de CRM precisa compensar os investimentos exigidos. Para tanto, recomenda a análise de três estimativas antes de tomar uma decisão:

- estimativa da receita e do lucro que seriam obtidos sem o investimento em CRM;
- estimativa da receita e do lucro que seriam obtidos com o investimento em CRM, além daquilo que os clientes-alvo poderiam proporcionar;
- estimativa de quanto custaria substituir os clientes por outros.

Apesar do apoio da tecnologia e de sistemas cada vez mais inteligentes na gestão, é de suma importância que as empresas saibam definir de forma adequada a quem seus produtos se destinam, a fim de otimizar a produção, a distribuição e a comunicação com o mercado. Além disso, devem saber de que maneira posicionar o produto – isto é, expor seu significado – entre os potenciais consumidores. Isso será abordado no próximo capítulo.

4
Segmentação e posicionamento

Quando uma empresa fabrica um produto ou oferece um serviço a um mercado, ela deve saber a quem está se dirigindo para comunicar a oferta. Assim, se uma empresa oferecer o que produz a todo o mercado, a tendência é de que o produto seja aceito por uma parte dele e rejeitado pelos demais consumidores. Cabe então perguntar o que deve ser feito antes da decisão de lançar um produto no mercado, visando ao sucesso deste e evitando percalços que redundem em um fracasso empresarial.

A partir desse exemplo, é possível compreender o chamado modelo STP, uma sigla para *segmentation/targeting/positioning*, ou, em português, segmentação/mercado-alvo/posicionamento (SMP). Trata-se de uma abordagem por meio da qual se percebe que é necessário, inicialmente, realizar uma segmentação – isto é, uma divisão do mercado em segmentos (grupos de consumidores) homogêneos, para em seguida se definir o mercado-alvo (*target*, em inglês) e, posteriormente, posicionar na mente dos consumidores-alvo o significado do produto a eles dirigido.

Segmentação e definição do mercado-alvo

É extremamente complicado para uma empresa oferecer o que produz para todos os indivíduos de algum mercado. Assim, é comum que realizem a chamada segmentação de mercado, para conseguir focar em um mercado-alvo bem definido.

Segmentação de mercado é "o processo de dividir um mercado em grupos de compradores potenciais com necessidades, desejos, percepções de valores ou comportamento de compra semelhantes" (Churchill Jr. e Peter, 2000:204). O processo de segmentar um mercado busca o foco em consumidores que apresentam as mesmas preferências, os mesmos valores ou mesmo similaridades percebidas pela empresa visando à oferta de seus produtos.

Um segmento de mercado consiste em "um grupo de clientes que compartilham um conjunto semelhante de necessidades e desejos" (Kotler e Keller, 2012:228). É do interesse das empresas segmentar o mercado para identificar os grupos homogêneos que nele existem (ou seja, os segmentos) e focar sua atuação naquele(s) que considerar adequado(s) ao que têm a oferecer. Em outras palavras, os profissionais de marketing têm como foco identificar a quantidade existente e a natureza dos segmentos de mercado existentes para, em seguida, definir um (ou mais) alvo(s) para a atuação da empresa.

A ideia por trás da necessidade de segmentar o mercado reside no fato de que um único produto não será capaz de satisfazer a todas as necessidades e desejos de todos os consumidores e potenciais consumidores. Isso ocorre porque há uma imensa variedade de consumidores, e eles não estão, necessariamente, próximos uns dos outros geograficamente ou em termos de predileções, ou mesmo de culturas. Os consumidores certamente apresentam anseios distintos, preferências diferentes e compram produtos com características específicas, valorizadas em diferentes graus pelos diversos grupos de usuários.

Um exemplo ilustra essa situação. Não seria viável que uma loja que vende relógios tentasse atrair simultaneamente consumidores das classes econômicas A e E, por exemplo (ou seja, dois segmentos antagônicos), pois sua oferta de produtos ficaria confusa. Os consumidores da classe A (os mais ricos) entenderiam que o produto cuja marca é direcionada aos clientes de classe E (os mais carentes) seria de baixa qualidade e barato, para ser acessível a tais consumidores; já os da classe E entenderiam que não seriam capazes de adquirir os relógios, por estes serem destinados à classe A, logo muito caros. A empresa estaria mal colocada no mercado, sem uma identidade definida, nesse caso, em que tanto a forma de apresentar o produto quanto o preço e a distribuição seriam mal interpretadas por algum dos segmentos.

Há diversas razões para que um mercado seja segmentado (Churchil e Peter, 2000; Kotler e Keller, 2012):

- a segmentação facilita ajustar determinado produto aos desejos dos clientes que compõem o segmento-alvo;
- a segmentação auxilia no controle da empresa sobre as ofertas por ela praticadas;

- com a segmentação do mercado, em vez de a oferta ser feita a uma grande quantidade (heterogênea) de consumidores, esta pode ser direcionada a grupos específicos, homogêneos.

Após terem sido identificados os grupos de consumidores com interesses similares por meio da segmentação, será possível à empresa definir e selecionar o(s) mercado(s)-alvo(s) de interesse e, na sequência, posicionar na mente dos consumidores selecionados o que for mais adequado para atraí-los para o produto oferecido. Ou seja, só após a segmentação, a empresa consegue identificar adequadamente seu mercado-alvo, ou mercados-alvos, caso se interesse por atuar em mais de um. Isso está ligado ao modelo STP, antes apresentado e esquematizado na figura 7.

Figura 7

Critérios para a realização de uma compra organizacional

Definição de mercado-alvo		**Segmentação**		**Posicionamento**
Avaliar os segmentos e definir o mercado-alvo		**Identificar os segmentos**		**Definir o conceito adequado**
- Decidir sobre a estratégia de segmentação. - Decidir quais e quantos segmentos devem ser segmentados.	→	- Considerar variáveis para segmentar o mercado. - Observar o perfil dos segmentos emergentes. - Validar segmentos em evolução.	→	- Entender as percepções do consumidor. - Posicionar produtos por meio da comunicação. - Projetar mix de marketing apropriado.

Fonte: adaptada de Dibb e Simki (1991).

A segmentação é o passo que a precede a determinação do mercado-alvo, o qual é definido como "o segmento específico do mercado que uma organização escolhe atender" (Churchill Jr. e Peter, 2000:205). Cada empresa deve selecionar o grupo de consumidores que lhe for mais conveniente, pois não é viável tentar vender para consumidores muito diferentes. Seria muito complicado, por exemplo, uma empresa se posicionar como fornecedora de produtos de luxo e populares simultaneamente.

As abordagens gerais existentes para os mercados servidos pelas empresas e organizações fornecem um detalhamento sobre o que foi tratado até aqui e são sintetizadas no quadro 14.

Quadro 14
Segmentação: abordagens gerais para os mercados servidos

Abordagem	Explicação	Exemplo
Marketing de massa	A fabricação, a distribuição e a promoção de um produto são feitas em massa, para todos os compradores. O argumento do marketing de massa é que ele cria um mercado potencial maior, o que gera custos mais baixos – que, por sua vez, levam a preços mais baixos ou a margens mais elevadas.	Seria o caso do Ford Modelo T (era vendido apenas na cor preta), ou de energia elétrica (um único produto, sem alterações, fornecido para os consumidores, que existem em grande número).
Marketing de segmento	Baseia-se nas ofertas feitas a um grupo razoavelmente numeroso, identificado a partir de características como: preferências, poder de compra, localização geográfica, atitudes e hábitos de compra similares.	Um exemplo é o McLanche Feliz, direcionado ao segmento infantil. Outro é o protetor solar com fator de proteção (FPS) 99 para pessoas de pele muito clara. Outro são as fraldas geriátricas.
Marketing de nicho	Define-se o grupo de interesse de modo mais estrito, obtendo um mercado limitado cujas necessidades não estão sendo totalmente satisfeitas. Os nichos são pequenos e normalmente atraem poucos concorrentes.	Emagrecimento é um nicho dentro do grande mercado de saúde. Manutenção de jardins é um nicho dentro do segmento de mercado "casa e moradia"; entre outros.
Marketing individual	O produto é personalizado a um cliente ou uma organização, ou seja, segue as indicações destes para ser fabricado. Esse tipo de marketing leva ao "marketing customizado".	Um exemplo atual é o Nike Id, serviço pelo qual o cliente pode projetar seu tênis no site da Nike, indicando o modelo, cores etc. de acordo com sua vontade. Ternos feitos sob medida seriam outro exemplo de customização.

Fonte: Kotler (1998).

Certamente há produtos que são oferecidos, sem alterações ou adaptações, a consumidores variados, assim como há grupos extremamente reduzidos de consumidores que, para serem satisfeitos, exigem uma compreensão detalhada de suas preferências.

Cumpre notar que os profissionais de marketing não criam os segmentos. Sua tarefa é, sim, a de identificá-los e decidir em quais vão se concentrar. No caso do marketing de massa, um mesmo produto é oferecido a uma grande quantidade de consumidores, podendo ser, por exemplo, uma cidade inteira (caso de esgoto, energia elétrica etc.). Já o marketing de segmento oferece benefícios importantes em relação ao marketing de massa, pois nele é possível a empresa planejar, definir preços, divulgar e fornecer o produto ou serviço para satisfazer o mercado-alvo.

Com relação ao marketing de nicho, deve-se ter em mente que, em geral, os nichos são identificados com a subdivisão de um segmento ou com a definição de um grupo que procura por um mix distinto de benefícios. Pode-se entender um nicho como um mercado (bastante) menor dentro de outro maior.

O marketing individual, diferentemente doa anteriores, refere-se à customização, ou seja, criar produtos específicos de acordo com as exigências de cada cliente.

Variáveis de segmentação

Quando o processo de segmentar um mercado é realizado, a empresa tem à sua disposição diferentes enfoques para fazer a avaliação do mercado de interesse e identificar os grupos homogêneos existentes nele.

Uma empresa pode definir que deseja oferecer seu produto a, vamos supor, pessoas do sexo feminino residentes no Brasil. Ela pode, se desejar, ser mais detalhista e definir que seu público-alvo de interesse envolve pessoas do sexo feminino, entre 18 e 35 anos, residentes nos bairros da Zona Sul da cidade do Rio de Janeiro e que pratiquem esportes. Assim, estará realizando uma segmentação mais minuciosa.

Ao realizar a segmentação de um mercado, não é exigido que a empresa utilize apenas uma variável. Quanto mais segmentado o mercado, mais específico será o público-alvo a atingir.

Entretanto, se a empresa não realizar a segmentação de maneira apropriada, as etapas subsequentes serão comprometidas, uma vez que direcionará os esforços de marketing para um público inadequado. Por exemplo, a empresa que vende produtos para adolescentes poderá estar direcionando seus esforços para atrair crianças, o que certamente comprometerá os resultados, ou seja, as vendas, a comunicação com os consumidores e a própria distribuição dos produtos.

A fim de realizar a segmentação de um mercado, algumas variáveis de segmentação costumam ser usadas. Elas são as responsáveis pela indicação das bases sobre as quais a segmentação é realizada. As variáveis de segmentação são apresentadas a seguir.

Segmentação geográfica

Nesse tipo de segmentação, o mercado é dividido em unidades geográficas distintas, como países, estados, regiões, cidades ou bairros. É importante considerar as diferenças regionais existentes (Kotler e Keller, 2012).

Uma vez que a segmentação divide um mercado maior em grupos menores, homogêneos, as empresas podem optar por atuar em um ou mais mercados geográficos.

Alguns critérios geográficos de segmentação – pouco lembrados, em geral – que uma empresa pode considerar incluem: o tamanho do mercado potencial, se há dispersão ou concentração dos consumidores em certas áreas, facilidade de trânsito etc.

Uma empresa pode segmentar seu mercado geograficamente usando, por exemplo, o clima (uma empresa que vende sorvetes pode definir seu mercado de atuação em cidades de clima quente) ou uma região geográfica específica (o supermercado Zona Sul, do Rio de Janeiro, tem esse nome porque, quando surgiu, visava atender apenas a essa região da cidade).

Segmentação demográfica

Nesse caso, segmenta-se o mercado a partir de variáveis demográficas, muitas das quais podem ser combinadas.

As variáveis demográficas são as bases mais populares para segmentação dos grupos de consumo, pois as necessidades e desejos variam conforme as mudanças demográficas, e as variáveis demográficas costumam ser as mais simples de avaliar, por sua natureza. Como citado, é comum que as empresas segmentem seu mercado de atuação utilizando mais de uma variável demográfica, como sexo e idade, ou religião e nacionalidade, por exemplo.

Algumas das variáveis demográficas comumente utilizadas são: idade, tamanho da família, ciclo de vida da família (por exemplo, casado/solteiro com/sem filho maior/menor de idade), sexo, ocupação, grau de instrução, religião, etnia, nacionalidade e renda.

Segmentação psicográfica

Por meio da segmentação psicográfica, o mercado é dividido em grupos específicos com base no estilo de vida, na personalidade e nas atitudes (Kotler e Keller, 2012). Estilo de vida compreende os hábitos e costumes, sendo que estes podem ser alterados ao longo do tempo; personalidade define a individualidade de uma pessoa, seus modos de pensar e agir; e atitudes indicam um juízo favorável ou contrário a algo.

Na segmentação psicográfica estão incluídas as bases culturais dos indivíduos, seus valores, atitudes, crenças, personalidade etc. Alguns exemplos podem deixar mais fácil a compreensão dos conceitos citados:

- *Estilo de vida.* Uma pessoa pode ser voltada para os esportes, para a cultura, para a natureza etc. E produtos relacionados a tal comportamento podem ser oferecidos a ela a partir da percepção de que aprecia tais itens.
- *Personalidade.* O indivíduo pode ser compulsivo, agressivo, aventureiro, autoritário, conformado etc. A oferta de produtos a ele deverá considerar tais características a fim de facilitar a aceitação do que for ofertado.
- *Atitudes.* Indicam um modo de agir (ou reagir). Uma atitude é motivada por uma disposição interna ou por uma circunstância determinada e expõe a tendência de alguém julgar algo como positivo ou negativo. Por exemplo, alguém que não use roupas da marca XYZ pode ter uma atitude negativa em relação a tal marca.

Cabe notar que esse tipo de segmentação leva a uma descrição bastante aprimorada de um mercado-alvo potencial. Ademais, favorece uma compreensão do funcionamento interno do segmento de certo mercado antes de desenvolver um planejamento de marketing direcionado a potenciais consumidores.

Segmentação comportamental

Nesse caso, os segmentos formados surgem a partir de compradores que são divididos segundo seus conhecimentos, atitudes, usos e respostas a um produto. Nesse tipo de segmentação, foca-se no uso dado ao produto e não em características do consumidor em si (Kotler e Keller, 2012).

A segmentação comportamental compreende ocasiões de uso, benefícios procurados, *status* do usuário, índice de utilização do produto, fidelidade à marca etc., conforme detalhado a seguir (Kotler e Keller, 2012):

- *Ocasiões de uso.* Os compradores são selecionados conforme a ocasião em que adquirem ou usam um produto. Uma empresa de transporte aéreo, por exemplo, pode identificar que há viajantes devido a negócios, férias ou situações familiares e segmentar seu mercado para atender apenas os executivos que viajam a negócios.
- *Benefícios procurados (pelos consumidores).* Podem incluir sabor, preço, tamanho, cores, velocidade etc. Os benefícios procurados dependerão do mercado a ser atendido.
- *Status do usuário.* A empresa pode resolver atender usuários iniciantes, especialistas, ex-usuários e outros, conforme a realidade do mercado. Em geral, os *status* existentes são: não usuários, ex-usuários, usuários potenciais, usuários iniciantes e usuários regulares do produto. Por exemplo, ONGs que recebem doações de agasalhos podem precisar identificar ex-doadores, uma vez que não é possível confiar apenas nas contribuições dos doadores regulares.
- *Índice de utilização do produto.* Existem os pequenos usuários, médios usuários e grandes usuários de produtos e serviços. É comum ocorrer o citado no princípio de Pareto, isto é, que a maior parte dos lucros advenha dos poucos grandes usuários (apesar de estes serem poucos em termos de percentual do mercado, respondem por grande percentual de consumo).
- *Status de fidelidade à marca.* A empresa pode segmentar o mercado para focar em um dos grupos de consumidores a seguir: fiéis convictos (compram sempre a mesma marca); fiéis divididos (são fiéis a algumas – poucas – marcas); fiéis inconstantes (alternam marcas frequentemente); infiéis (não demonstram lealdade a nenhuma marca em particular) (Kotler e Keller, 2012).
- *Estágio de prontidão do cliente.* Em qualquer mercado há pessoas que demonstram diferentes níveis de interesse pelos produtos. Algumas desconhecem totalmente o produto; outras estão informadas a respeito dele, mas não o possuem; outras estão interessadas; algumas desejam o produto e outras de fato pretendem comprá-lo. Cabe à empresa identificar o segmento mais adequado para nele atuar.

- *Atitude em relação ao produto.* Um mercado pode comportar cinco grupos atitudinais do consumidor: entusiasta, positivo, indiferente, negativo e hostil. Em uma campanha de lançamento de um novo cosmético, por exemplo, os promotores percebem, pela atitude do consumidor, se ele está disposto ou não a experimentá-lo. Ressalte-se que aqui o foco é na conduta perante o produto e não em uma avaliação do promotor a respeito da personalidade do consumidor.

Exemplo

A Ludan Inc. (nome fictício) é uma empresa que vende lâmpadas de diversas marcas, entre elas a marca Billow (idem). Para oferecer ao mercado as lâmpadas Billow, o departamento de marketing da Ludan dividiu o mercado total do país naquilo que chamou de "grupos menores". Esses grupos eram definidos da seguinte forma: consumidores percebidos como "sofisticados" faziam parte do grupo Diamond, e os identificados como "modernos" faziam parte do grupo Innovation. Os solteiros constituíam o grupo Singles, e os casados, o grupo Married, conforme a nomenclatura da empresa.

Ao identificar os tipos de segmentação utilizados pela Ludan no caso apresentado, nota-se que a empresa fez uso de:

- segmentação demográfica, pois analisou o estado civil dos consumidores de interesse para agrupá-los;
- segmentação psicográfica, pois identificou os grupos de consumidores sofisticados e modernos (estilo de vida) para utilizar tais características na definição de seu mercado de interesse.

Segmentação organizacional

O comportamento de compra das organizações é distinto daquele observado nos mercados consumidores. Portanto, as dimensões de segmentação devem refletir tais diferenças, ainda que diversas variáveis de segmentação sejam comuns aos dois mercados – industriais e consumidores (Kotler, 1998; Kotler e Keller, 2012).

Ao analisar os mercados consumidores atuais, pode-se observar que há um maior desenvolvimento de produtos, serviços, marcas e canais, em particular devido à globalização, que exige segmentações mais específicas e cuidadosas, uma vez que diversas marcas passaram a ser oferecidas em vários países, e não somente em seus países de origem. Na segmentação organizacional, foca-se no perfil das organizações (corporações) e compradores organizacionais.

Ao se realizar uma segmentação com base no comportamento de compra organizacional, deve-se avaliar o perfil das organizações e dos compradores organizacionais. No perfil das organizações, observam-se características como porte, área de atuação etc., enquanto no perfil dos compradores organizacionais estão envolvidos o estilo de tomada de decisões, os critérios para realizar uma compra, entre outros.

Ao se tratar do perfil das organizações, alguns exemplos usuais são:

- porte da organização, como a indicação de que tem menos de 50 funcionários, mais de 20 mil funcionários, entre 10 e 30 funcionários etc.;
- tipo de organização, que pode se referir a um órgão do governo, um intermediário, uma instituição filantrópica etc.;
- lealdade, a qual é percebida a partir da constatação de que a organização compra de apenas um fornecedor, ou de que compra de uma variedade deles.

Alguns exemplos de critérios utilizados por um comprador organizacional são os mostrados no quadro 15.

Quadro 15

Critérios para a realização de uma compra organizacional

Critérios para realizar uma compra	Exemplos
Compra média	Faixa de R$ 1.000.000 a R$ 2.000.000; compras inferiores a R$ 100.000 etc.
Frequência de uso do produto fornecido	A organização pode usar de forma eventual, frequente etc.
Aplicação do produto	O produto fornecido à empresa pode ser usado em fabricação de novos bens, na área de finanças, de marketing, de suprimentos etc.
Critérios de compra	Envolvem preço, qualidade percebida, assiduidade, prazo de entrega, garantias, entre outros.

Fontes: Kotler (1998); Kotler e Keller (2012).

Como se observa no quadro 15, há diversos critérios que podem ser utilizados por um comprador organizacional quando adquire algo, sendo os mais tradicionais o valor a ser despendido, a frequência de uso do que é comprado, a aplicação do que se adquire e os critérios utilizados na definição do que deve, ou não, ser adquirido pela organização. Já para a segmentação ser realizada, devem ser observadas as variáveis mais apropriadas, que permitam à empresa restringir o público a abordar (quadro 16).

Quadro 16
Variáveis de segmentação organizacional

Variáveis da segmentação organizacional	Subdivisões	Comentários
Variáveis demográficas	Setor	Indica aquele setor, divisão ou domínio a ser atendido.
	Porte da empresa	Refere-se, em geral, à quantidade de funcionários da organização.
	Localização	Define a área geográfica a ser atendida.
Variáveis operacionais	Tecnologia	Refere-se às tecnologias de clientes às quais as empresas devem atentar.
	Status de usuários e não usuários	O *status* de usuários é indicado, normalmente, por *heavy users*, *medium users* e *light users* (usuários "pesados", medianos ou "leves", respectivamente).
	Recursos dos clientes	Referem-se à empresa identificar se atenderá clientes que precisem de muitos ou poucos serviços.
Abordagens de compras	Organização da função de compras	Indica se as operações são centralizadas ou descentralizadas.
	Estrutura de poder	Designa a orientação da empresa a ser atendida (por exemplo, com foco em finanças, em recursos naturais ou em marketing).
	Natureza dos relacionamentos existentes	Refere-se a empresas que já possuem forte relacionamento ou que ainda não são atendidas.
	Políticas gerais de compras	Indicam certas preferências de atendimento, por exemplo empresas que preferem fazer *leasing*, contratos de serviço ou outros.
	Critérios de compras	São critérios que definem se serão atendidas empresas que buscam qualidade, serviço ou preço.
Fatores situacionais	Urgência	Diz respeito à definição da organização sobre atender empresas que precisem de entregas imediatas e repentinas.
	Aplicação específica	Define se a empresa irá fornecer aplicações variadas ou apenas uma, específica, do produto que oferece.
	Tamanho do pedido	O tamanho do pedido define se a organização irá focar sua atuação em pedidos pequenos ou grandes.
Características pessoais	Similaridade comprador/vendedor	Identifica se a organização se dispõe a atender empresas com valores semelhantes aos seus.
	Atitudes quanto ao risco	Refere-se à definição de atender empresas/clientes com alto grau de aceitação de risco ou não.
	Fidelidade	Diz respeito a atender (ou não) empresas com elevado grau de fidelidade a seus fornecedores.

Fonte: Kotler e Keller (2012).

A partir de segmentação do mercado, caberá às empresas analisar como abordarão os respectivos mercados de atuação. Eventuais limitações de recursos podem restringir o alcance das empresas em termos do público a direcionar seus esforços, assim como, em certas situações, as empresas podem entender ser adequado atuar em mercados mais restritos ou com certas peculiaridades. Para isso, deverão avaliar e selecionar os segmentos mais favoráveis.

Avaliação e seleção de segmentos de mercado

As empresas, quando avaliam segmentos de mercado distintos em que podem vir a atuar, devem atentar para a atratividade global do segmento e para os objetivos e recursos de que dispõem. Assim, surgem cinco possíveis abordagens (Kotler, 1998):

- *Concentração em um único segmento.* É a estratégia em que a empresa atua com foco em apenas um segmento de mercado. É o caso mais simples, pois não se expande a empresa para outros mercados-alvo, contudo existem riscos relacionados a essa abordagem: o segmento pode desaparecer devido a mudanças nas preferências dos consumidores ou um concorrente mais forte pode adentrá-lo. Nessa abordagem de mercado, a empresa se utiliza do chamado "marketing concentrado". Isso significa que, em vez de buscar uma pequena participação em um grande segmento, ela irá focar na busca por uma grande participação em um único segmento de menor magnitude.
- *Especialização seletiva.* Trata-se da seleção de alguns segmentos considerados atraentes e apropriados para a ação da empresa. No caso, deve haver razões objetivas para a escolha daqueles segmentos – cada segmento pode significar uma fonte de lucro, por exemplo. Uma vantagem da especialização seletiva é que ela permite diversificar o risco da empresa, o qual se torna mais variado, pois como há atuação em vários segmentos, caso haja algum problema ou crise em um deles, os demais continuarão sendo atendidos pela empresa, se forem atraentes a ela.
- *Especialização por produto.* A empresa, com essa abordagem, se especializa em um produto que pode ser oferecido aos componentes de vários segmentos. O risco existente é que o produto seja substituído por uma

nova tecnologia ou se torne obsoleto. Um exemplo é o de uma empresa que fabrica microscópios e os vende para laboratórios de universidades, laboratórios industriais e laboratórios do governo. No caso, a empresa fabrica apenas um produto e não oferece outros a seus públicos de atuação. Uma empresa que fabrique exclusivamente *mouses* de computador, tanto para PCs quanto para Macs, é um exemplo dessa abordagem, desde que não fabrique outros produtos nesse mercado.

- *Especialização por mercado.* Na especialização por mercado, a empresa busca satisfazer diversas necessidades diferentes de um grupo particular de clientes. Com essa estratégia, a empresa pode construir uma reputação respeitável em sua área de atuação, entretanto há o risco de os orçamentos dos clientes serem reduzidos ou cortados. Supondo uma empresa que fabrica conta-gotas, tubos de ensaio e bicos de Bunsen para laboratórios universitários apenas. Se estes tiverem problemas de orçamento, a empresa terá suas vendas reduzidas. Uma marca conhecida, a Louis Vuitton, fabrica produtos visando ao mercado de mulheres sofisticadas, com alta renda. Se tal renda for reduzida devido a uma crise ou uma instabilidade econômica do país, a empresa tenderá a ter suas vendas reduzidas.
- *Cobertura total de mercado.* Com essa estratégia, busca-se atender a todos os segmentos de clientes com todos os produtos de que possam vir a precisar. É uma estratégia apropriada apenas para empresas de grande porte. As empresas podem adotar a cobertura total do mercado utilizando uma de duas formas principais: o marketing diferenciado ou o marketing indiferenciado. No caso de fazer uso do marketing indiferenciado, a empresa não leva em consideração as diferenças existentes entre os mercados segmentados; ela busca atingir todo o mercado com uma única oferta. O foco é em uma necessidade básica de compra, e não nas diferenças existentes entre os clientes. Por outro lado, se a empresa decidir utilizar o marketing diferenciado, ela atuará em diversos segmentos de mercado. Assim, fará uso de diferentes táticas em cada segmento específico.

Esquematicamente, as cinco abordagens citadas podem ser apresentadas como na figura 8, em que "P" indica os produtos, ou linhas de produtos ofertados, e "S" representa um segmento de mercado.

Figura 8

Abordagens referentes à avaliação e à seleção de segmentos de mercado

Fonte: Kotler (1998).

Uma vez definido o segmento no qual a empresa irá focar seus esforços, caberá a ela deixar claro para os consumidores o que o produto a eles direcionado significa. Isso deve ser feito de modo que o que é ofertado seja entendido como adequado e conveniente aos potenciais consumidores.

Posicionamento: definição e atributos

No mundo atual, há um excesso de informação sendo veiculada todos os dias. Assim, para que uma marca seja recordada e reconhecida pelos consumidores e potenciais consumidores, deverá ocupar suas mentes com uma mensagem muito clara e razoavelmente intensa. Se uma marca não é mantida na lembrança dos consumidores, dificilmente será percebida como diferenciada em relação à concorrência.

É necessário que se perceba algum diferencial em uma marca para que esta seja vista como superior às congêneres. E daí surge o conceito de posicionamento, que está relacionado a como os consumidores percebem o produto em relação às ofertas concorrentes (Kotler, 1998; Ries e Trout, 2009).

Posicionamento é definido como "o ato de desenvolver a oferta e a imagem da empresa de forma que ocupem um lugar distinto e valorizado nas mentes dos consumidores" (Kotler, 1998:265). Logo, é um conceito baseado na percepção a respeito de algo – em geral, uma marca ou um produto, mas também é comum que se posicionem, em um mercado, pessoas (por exemplo, candidatos a cargos eleitorais), lugares ("visite Paris"), ideias (como preservar a natureza), comportamentos (parar de fumar) etc. (Ries e Trout, 2009).

Posicionamento não é algo que é feito com o produto, mas sim algo que se faz na mente dos consumidores (Ries e Trout, 2009). Ele depende da diferenciação (possuir algo positivo que os concorrentes não possuem) e se relaciona a conquistar e sustentar uma posição relativa, na mente dos consumidores, superior à dos concorrentes. Em outras palavras, trata-se de conseguir uma percepção mental do produto (ou marca) favorável quando comparada aos concorrentes (Ferrell e Hartline, 2005).

Cabe ressaltar que posicionamento não é sinônimo da imagem de um produto. Posicionar um produto em um mercado indica o que se deseja edificar na mente do consumidor, enquanto imagem é a forma como o mercado entende o produto.

Qualquer produto apresentará uma imagem (positiva ou negativa) na "cabeça" do consumidor – de maneira formal ou não. Se tal imagem for condizente com a intenção da empresa fabricante, o posicionamento terá sido bem-sucedido.

Um exemplo que ilustra que um produto bem posicionado representa um diferencial é o da marca Porsche. Ao se ouvir uma menção a tal marca no mercado automobilístico, vem à mente dos consumidores um carro esportivo, de alto luxo, com prestígio e qualidade, nunca carros baratos ou econômicos. O posicionamento da marca, nesse caso, se refere ao que a marca Porsche representa e mesmo quem nunca experimentou o produto percebe o que ele significa.

Outro exemplo facilmente perceptível de posicionamento ocorre com o Banco Itaú, focado no varejo, e o Itaú Personnalité, que atende clientes de alta renda. Enquanto o Itaú (varejo) se posiciona como um banco que realiza ações massificadas, o posicionamento do Personnalité é exclusivo para clientes especiais. Isso é necessário porque um investidor do Personnalité tende a possuir um patrimônio bem superior ao do cliente Itaú (varejo) e não desejará ser confundido com este. Ao diferenciar cada estrutura bancária e posicionar cada uma de modo específico para cada tipo de cliente, o Itaú consegue atrair, para cada banco, o cliente adequado. Um bom posicionamento gera uma clientela mais satisfeita e ciente de que tem suas necessidades atendidas (Mello, 2010).

Ainda que um posicionamento esteja claro na cabeça do gestor que o propôs, nem sempre ele é compreendido de modo correto pelos consumidores. Para que tal compreensão ocorra, surge o conceito de mapa de posicionamento, o qual facilita a definição das estratégias de posicionamento, como será apresentado a seguir.

Mapa de posicionamento

Uma aplicação louvável do processo de segmentação de mercado é identificar necessidades e desejos por novos produtos ou alterar o posicionamento de produtos existentes quando necessário. Mas, após uma segmentação ter sido realizada e o mercado-alvo definido, não há garantia de que o produto será compreendido pelos consumidores como desejado. Além disso, uma vez que o produto esteja disponibilizado no mercado, ele será constantemente comparado com os concorrentes quando da decisão de compra pelos consumidores.

Nessa comparação, diversas características de várias marcas são confrontadas e avaliadas simultaneamente. Se for disponibilizada, por exemplo, uma tabela contendo uma grande quantidade de informações e de *players* do mercado, haverá grande dificuldade na comparação; graficamente, tal tarefa se torna mais factível. Para essa comparação gráfica, utiliza-se o mapa de posicionamento, que permite analisar como várias marcas são percebidas, umas em relação às outras (Churchill Jr. e Peter, 2000).

O mapa de posicionamento auxilia quem atua com marketing a identificar segmentos que eventualmente não estejam recebendo bem um produto existente. Daí, pode-se decidir se seria mais indicado atuar em um ou mais dos segmentos por meio do desenvolvimento de um novo produto ou do ajuste do composto de marketing (planejamento) do produto já existente (Churchill Jr. e Peter, 2000).

Na figura 9 apresenta-se um exemplo de mapa de posicionamento referente ao mercado de bicicletas de certo país. Nele, há diversas marcas competindo pelo favoritismo dos ciclistas, porém, por haver preferências distintas nesse mercado – ou seja, alguns desejam bicicletas mais esportivas, outros focam no preço, desejando as mais baratas, enquanto alguns focam nas mais caras, por entenderem que têm mais qualidade, e assim por diante –, é relevante observar quais marcas satisfazem cada tipo de consumidor.

No caso, há duas dimensões sendo avaliadas – preço e esportividade. Quanto mais esportiva a bicicleta, menos convencional e vice-versa. Independentemente do preço, uma bicicleta pode se posicionar como convencional ou esportiva em variadas intensidades.

Para obter os dados que permitirão que um mapa de posicionamento seja estruturado, é preciso haver uma pesquisa com os consumidores a fim de saber quais marcas de bicicletas são percebidas como mais ou menos esportivas e caras, na opinião dos usuários desses produtos e de acordo com a observação feita no mercado.

Figura 9
Exemplo de mapa de posicionamento

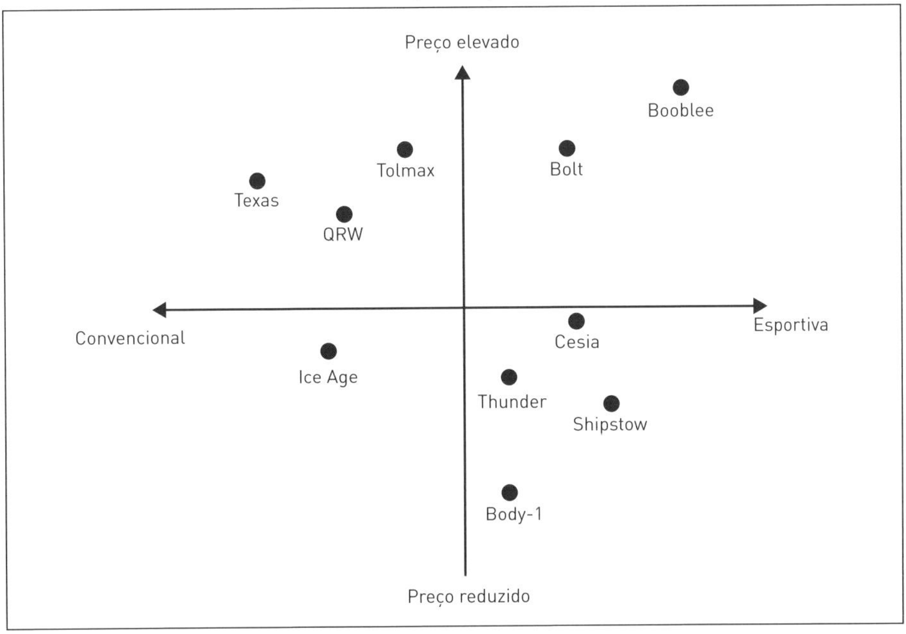

Fonte: adaptada de Churchill Jr. e Peter (2000).
Obs.: os nomes das marcas são fictícios.

Nota-se, pelo mapa, que há apenas duas bicicletas classificadas como caras e esportivas (Bolt e Booblee), enquanto há apenas uma marca considerada convencional e de preço reduzido (Ice Age). Por meio da análise do mapa de posicionamento, o profissional de marketing consegue comparar marcas com base na percepção dos consumidores a respeito delas. Assim, decisões de atuação no mercado podem partir da análise do mapa – por exemplo, Tolmax é vista como uma marca tão cara quanto Bolt pelos consumidores, mas se estes desejarem uma bicicleta mais esportiva optarão por Bolt.

Profissionais de marketing analisam mapas de posicionamento com a finalidade de observar se suas marcas têm os atributos considerados importantes pelo mercado e se os clientes percebem que elas, de fato, os possuem.

Estratégias de posicionamento

Quando uma empresa planeja seu posicionamento – isto é, define qual a imagem que colocará a seu respeito na mente dos consumidores e potenciais consumidores –, ela deve definir a estratégia mais adequada à mensagem que planeja divulgar.

Em geral, são usados slogans e mensagens capazes de transmitir ao público-alvo o conteúdo considerado conveniente para atrair o cliente, de modo que este perceba valor no que lhe é comunicado e relacione os atributos apresentados à marca, ao produto ou serviço oferecido. No quadro 17 estão mostradas as principais estratégias de posicionamento.

Quadro 17

Estratégias de posicionamento

Estratégias	Características	Exemplos
Posicionamento por atributo	A empresa se posiciona com certo atributo ou característica do produto, como tamanho, segurança etc.	Os celulares Samsung Vip eram posicionados como "o menor celular do mercado" (o foco era no atributo tamanho).
Posicionamento por benefício	Promove-se o benefício que é fornecido, posicionando-o como algo próprio do produto.	O sabão em pó Tide afirma lavar melhor. Leite Molico se apresenta como útil "para manter a forma".
Posicionamento por (ocasião de) uso/aplicação	O produto é posicionado como o melhor para uma ocasião ou finalidade específica.	É o caso da Kellogg's: "O cereal para o café da manhã".
Posicionamento por usuário	O produto é posicionado em termos de características de quem o utiliza, e não do produto propriamente dito.	A Apple apresenta seus computadores/ softwares como os mais indicados para *designers* gráficos. A Philips tinha como slogan para o celular Fizz: "Mais fino do que ele, só quem o usa", fazendo um trocadilho na apresentação do produto.
Posicionamento por concorrentes	O produto se apresenta como diferenciado, ou seja, melhor que o concorrente.	A 7-Up denomina-se *uncola* (em uma referência a não ser refrigerante sabor cola, como Pepsi e Coca-Cola).
Posicionamento por categoria	A empresa se apresenta como a líder inconteste da categoria.	Cotonetes significam "hastes flexíveis com algodão nas pontas". Xerox significa fotocópia.
Posicionamento por preço/ qualidade	O produto é apresentado em determinado nível de preço e relacionado à sua qualidade.	Chanel nº 5 é posicionado como perfume de alta qualidade e preço elevado; a Insetisan tem como slogan "É um pouco mais caro, mas é muito melhor!".
Posicionamento por endosso	O produto é "recomendado" por um especialista ou uma celebridade.	Pode ser subdividido em endosso de especialista ("recomendado por 80% dos médicos") ou endosso de personalidade/ celebridade ("O barbeador do Neymar").

Fontes: Kotler (1998); Churchill Jr. e Peter (2003).

Cumpre notar que, para além das estratégias apresentadas, existem diversas outras, e algumas podem até ser combinadas para incutir na mente dos consumidores determinadas imagens relacionadas à marca em questão, mas as aqui apresentadas costumam ser as mais indicadas na literatura sobre o assunto.

Reposicionamento

Nem sempre a estratégia de posicionamento utilizada por uma empresa tem o resultado esperado. Às vezes, a percepção que se deseja não é transmitida de forma clara, e a imagem disseminada pela marca aos consumidores não alcança os resultados almejados.

Quando ocorre de um posicionamento estar mal compreendido, ou causando malefícios à marca, ao produto ou à empresa, pode ser hora de alterá-lo. Basicamente, uma ação de reposicionamento ocorre devido à perda de valor da marca/produto ou para aproveitar uma nova oportunidade de mercado. Mas a razão mais comum para reposicionar uma marca é a percepção da ineficácia mercadológica de seu atual posicionamento (Kotler, 1998; Churchill Jr. e Peter, 2003).

Um exemplo ilustra a necessidade de reposicionar uma marca. A Havaianas era um produto focado nas classes populares e sem muito apelo junto aos consumidores mais abastados até meados dos anos 1990. A partir de então, a Alpargatas (fabricante da marca) decidiu reposicioná-la, deixando de focar na funcionalidade do produto e criando um símbolo de moda. Além disso, o slogan “todo mundo usa” sinalizou que o produto era adequado a todas as classes, idades e gêneros. Os slogans antigos, como “não deformam, não soltam as tiras e não têm cheiro” (Havaianas, 1973), posicionavam a marca como algo direcionado aos consumidores com menos recursos, que visavam a produtos baratos – o que poderia implicar uma percepção de qualidade reduzida.

Pontos de diferença e de paridade

Após a definição da estrutura de referência do posicionamento, a qual engloba o mercado-alvo e a natureza da concorrência, é preciso definir as associações almejadas em termos de pontos de diferença e pontos de paridade (Kotler e Keller, 2012).

Ainda que possa parecer simples alcançar uma diferenciação bem-sucedida perante a concorrência, a marca deverá definir de forma adequada aquilo em que apresenta diferenciação e paridade em relação às congêneres. Esses itens estão apresentados a seguir.

Pontos de diferença

Pontos de diferença são qualidades ou benefícios que os consumidores associam fortemente com a marca, em decorrência dos quais a avaliam positivamente e acreditam que não poderia ser comparável com marcas concorrentes (Kotler e Keller, 2012:298).

Qualquer característica, atributo ou benefício considerado único pode ser a base de uma associação que gere um ponto de diferença. Por exemplo, a tecnologia de inovação e o desempenho presentes nos produtos da Nike, ou a atitude irreverente e o *design* da Apple, entre outros. Há, basicamente, três critérios que definem se um ponto de diferença realmente ocorre. São eles:

- *Nível de desejo*. Significa que os potenciais consumidores devem entender a associação da marca como importante para si. Logo, a empresa deve ser capacitada a expor aos consumidores uma razão adequada para fazê-los crer que o benefício oferecido pela marca traduz valor (Kotler e Keller, 2012). Por exemplo, o perfume Chanel nº 5 pode expor que é o perfume francês de alta elegância, sustentando tal afirmação com o argumento de que a Chanel sempre esteve ligada à alta costura. A Nivea pode indicar que seu creme é excelente contra as rugas devido a uma substância por ela patenteada.
- *Capacidade de entrega*. Indica ser importante que a organização disponha dos recursos internos necessários e adote práticas que visem criar e manter, de modo exequível e rentável, a associação da marca na mente dos consumidores. Tanto o *design* (projeto) do produto quanto a oferta de marketing definida devem amparar a associação desejada. Exemplificando: em seu início, o Cadillac não era habitualmente associado à juventude ou à modernidade. A GM teve de despender um grande esforço baseado em apresentar a marca relacionada a imagens contemporâneas e concepções mais ousadas (Kotler e Keller, 2012).

- *Grau de diferenciação*. Consumidores, ao comparar uma marca com a dos concorrentes, devem entender a associação da marca como algo diferenciado e preferível em relação aos concorrentes existentes. Quando a empresa vende um produto diferenciado, é difícil para os compradores encontrar outro fornecedor. Por exemplo, no mercado norte-americano, o adoçante Splenda superou seus principais concorrentes e passou a ser o mais vendido do mercado (em 2003) quando usou a estratégia de se diferenciar com sua autenticidade, apresentando-se como derivado do açúcar e sem as desvantagens relacionadas a ele (Kotler e Keller, 2012).

A seguir, serão apresentados os pontos de paridade, aqueles que são compartilhados entre diversos *players* do mercado, ao contrário dos pontos de diferença, exclusivos de uma marca específica em um mercado.

Pontos de paridade

Pontos de paridade são associações de atributos ou de benefícios que não são necessariamente exclusivas, únicas da marca. Assim, podem ser compartilhadas com outras marcas (Kotler, 1998; Kotler e Keller, 2012).

Os pontos de paridade são entendidos como os atributos e características necessários a um produto para que possa concorrer em um mercado, deixando nos consumidores a impressão (ou certeza) de que a oferta lhes é interessante. São subdivididos em: pontos de paridade de categoria e pontos de paridade de concorrência.

Pontos de paridade de categoria são atributos, qualidades, características ou benefícios tidos pelos consumidores como indispensáveis para que um produto seja respeitado e confiável em uma categoria específica de bens ou serviços. Se tais atributos e benefícios não existirem, a tendência será de o consumidor não considerar adquirir o produto (Kotler e Keller, 2012). Os pontos de paridade de categoria englobam tudo aquilo que é necessário, prioritariamente, em um produto. Por exemplo, um computador deve ter velocidade de processamento, possuir entradas USB, acessar a internet etc. Sem isso, ninguém irá considerar a possibilidade de comprar o produto.

Pontos de paridade de concorrência consistem em associações cuja meta é evitar a percepção de elementos de uma marca como sendo ineficazes (Kotler e Keller,

2012). Eles têm a intenção de extinguir os pontos de diferença do concorrente, incluindo atributos similares na marca. Suponhamos as empresas X e Y, concorrentes em certo mercado de liquidificadores. Se o modelo fabricado pela empresa X tem cinco velocidades e garantia de três anos, o modelo oferecido pela empresa Y também terá de oferecer esses benefícios para conseguir inibir a vantagem do modelo de X.

O segredo para um posicionamento eficaz não é tanto alcançar um ponto de diferença, mas, principalmente, alcançar um ponto de paridade. Para que uma marca atinja um ponto de paridade em algum benefício, atributo ou propriedade específica é preciso que uma quantidade razoável de consumidores tenha a crença de que a marca é suficientemente "boa" em tal aspecto.

Para Kotler e Keller (2012), há uma zona de tolerância dos consumidores quanto à aceitação dos pontos de paridade. Não é imprescindível que a marca seja entendida como idêntica a seus concorrentes – basta que os consumidores tenham a percepção de que a marca tem qualidade naquele atributo específico. Só o fato de os consumidores terem essa percepção pode indicar que estariam dispostos a basear suas decisões de compra em outros aspectos, eventualmente mais favoráveis à marca.

Estratégias de diferenciação

Quando uma estratégia de marketing é concebida, uma preocupação recorrente se refere à percepção, pelos consumidores, de que o produto apresente um diferencial quando comparado aos concorrentes. Marcas fortes surgem a partir do momento em que conseguem se descolar do conceito de *commodity*.

Produtos são finitos e podem ser copiados, mas marcas conhecidas e apreciadas duram muito tempo. Assim, é necessário ter em mente que uma empresa deve buscar alcançar uma vantagem competitiva em seu mercado de atuação.

Para Kotler e Keller (2012), profissionais de marketing devem supor que é possível diferenciar tudo. Uma marca forte ajuda a obter reconhecimento e gerar maior conforto quando o consumidor tem contato com ela, e empresas mais valorizadas possuirão a citada vantagem competitiva, explicada a seguir.

O conceito de vantagem competitiva indica a capacidade de criação de valor, por parte de uma organização, superior à da média de seus concorrentes (Porter,

1989). A vantagem competitiva é compreendida como uma indicação de que uma empresa tem condições de obter um desempenho superior (Powell, 2001).

Formalmente, vantagem competitiva é a "capacidade de desempenho de uma empresa em uma ou mais maneiras que os concorrentes não podem ou não pretendem equiparar" (Kotler e Keller, 2012:306). Para esses autores, uma vantagem competitiva alavancável (isto é, uma vantagem potencial) é aquela que a organização consegue utilizar como um catalisador para alcançar novas vantagens.

Poucas vantagens competitivas são, de fato, sustentáveis – na maioria das vezes, elas são alavancáveis. Para uma organização ter longa duração no ambiente mercadológico atual, ela deve continuamente criar novas vantagens sobre a concorrência, uma vez que o mundo muda continuamente, o que pode indicar necessidades de atuar de modo diferente ou de oferecer algo ao mercado de modo aprimorado.

Para obter um posicionamento eficaz de sua marca, a empresa deve entender o que os clientes consideram ser, de fato, uma vantagem. Por exemplo, não adianta a uma empresa divulgar ao mercado que os sofás que oferece são feitos de couro de cabra se os clientes não tiverem qualquer interesse, ou não perceberem valor, nesse tipo de couro, ou, ainda, se estiverem apenas interessados no couro de bovinos.

Os clientes devem considerar qualquer vantagem competitiva como sendo aquilo que denominam uma vantagem para o cliente (explicada acima, no exemplo dos sofás). Mas cabe às empresas, também, criar outras vantagens, pois assim entregarão maior satisfação à clientela, junto com um valor elevado percebido. Isso pode levar a um maior *ticket* médio (que indica quanto cada cliente gasta em cada visita ao vendedor), a uma maior taxa de repetição de compras e, em consequência, a uma elevação da rentabilidade.

As estratégias de diferenciação dependerão dos meios e das dimensões usados para diferenciar os produtos de uma empresa (Kotler e Keller, 2012). O meio mais evidente de diferenciar um produto ou um serviço é alterar ou aprimorar algum de seus atributos, como se vê, por exemplo, nas cores dos relógios Swatch – o posicionamento é relevante para que tais conceitos fiquem firmes na mente dos consumidores. Porém, se a atuação é em um mercado de competição muito acirrada, pode ser necessário considerar outras dimensões. As mais comuns são apresentadas no quadro 18.

Quadro 18
Dimensões de diferenciação de produtos

Dimensão	Comentários
Diferenciação baseada nos funcionários	Empresas que dispõem de funcionários bem treinados, que demonstrem prontidão, competência e credibilidade conseguem boa reputação, assim favorecendo sua diferenciação. A própria força de vendas das empresas pode ajudar a obter uma boa reputação e a diferenciá-las dos concorrentes. Por exemplo, a Singapore Airlines é reconhecida pela presteza de seu pessoal de bordo; os funcionários da força de vendas de Pfizer, Cisco e GE, por seu reconhecimento, diferenciam tais empresas de outras congêneres.
Diferenciação baseada no canal	A distribuição, quando bem realizada, facilita o acesso dos consumidores àquilo que desejam. Empresas que dispõem de uma distribuição de qualidade alcançam maior reconhecimento dos clientes. O acesso mais fácil aos produtos de alguma empresa facilita a venda destes. Quanto mais adequados os canais utilizados para disponibilizar os produtos ao consumidor, maiores as chances de sucesso da empresa. Quando o consumidor sente que a compra é feita de maneira agradável, tende a comprar mais naquele local. Os canais (intermediários) devem ser também estudados, uma vez que, se existirem muitos, o preço final ao consumidor poderá ser impactado. Algumas empresas de produtos animais, em vez de oferecerem tais itens apenas em supermercados ou *pet shops*, passaram a oferecê-los em clínicas veterinárias e locais de criação e adestramento, o que facilitou o acesso por parte dos clientes.
Diferenciação baseada na imagem	Em um mercado em que os produtos são similares, a decisão de compra pode se dar com base em uma imagem sintonizada com a percepção dos consumidores. A imagem se relaciona à forma pela qual o mercado entende o produto ou a marca. Essa forma não é necessariamente construída de modo formal pela empresa. Um exemplo que ilustra o conceito de imagem é o caubói dos cigarros Marlboro, que detêm grande *market share* (participação de mercado), em grande parte devido à imagem do "caubói machão", construída na mente dos potenciais consumidores ao longo do tempo.
Diferenciação baseada em serviços	Neste caso, há três diferentes níveis de diferenciação: • confiabilidade: entregar exatamente o que foi pedido, dentro do prazo estipulado; • resiliência: ter competência para lidar com *recalls* de produtos, situações de urgência etc.; • capacidade de inovação: fornecedores que têm sistemas de informação mais avançados, ou utilizam códigos (QR *code*, códigos de barras e outros) mais avançados que a concorrência, têm mais condições de competir no mercado. Exemplificando, empresas podem conseguir diferenciação por intermédio de um sistema de entregas mais veloz, que entregue os produtos sem falhas e que ofereça alguma garantia valorizada pelo consumidor. Isso acarreta uma percepção superior a respeito da empresa.

Fonte: Kotler e Keller (2012).

Com a compreensão da relevância da segmentação do mercado e de um posicionamento adequado, além da necessidade de definir os pontos de paridade e de diferença, torna-se eminente que o profissional de marketing seja capaz de definir o que será oferecido ao mercado, por que preço, como será a distribuição e como se dará a comunicação aos consumidores – ou seja, como o composto de marketing tomará forma. Este será o cerne dos próximos capítulos desta obra.

5
P de produto

O produto é a primeira parte do composto de marketing, sem a qual nenhuma das outras três tem sentido. Produto é qualquer coisa que pode ser oferecida ao mercado para satisfazer uma necessidade ou desejo, incluindo mercadorias, serviços, experiências, eventos, pessoas, lugares, propriedades, organizações, informações e ideias (Kotler, 1998).

Este capítulo apresenta as principais características que devem ser consideradas ao se analisar esse tema pela ótica do marketing. Assim, transporemos as fronteiras do produto em si, analisando também o impacto da marca e do *design* como seus qualificadores.

Classificações dos produtos

Pense em um produto. Qualquer produto. O que veio à sua cabeça primeiro? Algo para comer? Um móvel, um eletrodoméstico, algo para vestir? Enfim, qualquer que tenha sido sua resposta, há boas chances de que ela diga respeito a algum bem de consumo, algo que nós utilizamos no nosso dia a dia. Raríssimos são aqueles que, ao se deparar com uma pergunta como essa, pensariam em bens industriais, ou seja, que são utilizados para a produção de outros bens, como suprimentos e máquinas.

Em maior ou em menor grau, os produtos estão presentes em nossas vidas o tempo inteiro, conservando características distintas. Quanto ao uso, os bens podem ser classificados como:

- *Bens de consumo*. São bens que têm uma utilidade direta para o consumidor final (ex.: roupas, móveis, eletrodomésticos etc.).

- *Bens industriais (ou de capital).* São bens utilizados para produzir outros bens (ex.: as máquinas são o exemplo mais claro disso, além de insumos e matéria-prima).

Outras características também são marcantes. Quanto tempo se demora para consumir uma garrafa de 500 ml de água, por exemplo? Certamente você consegue consumir mais de uma por dia, não é mesmo? Agora imagine uma embalagem de igual tamanho, porém, de perfume. Provavelmente as pessoas demorarão mais tempo até acabar com o conteúdo desse bem e ter de comprar outro para reposição. Pois essa é uma característica que difere os bens entre si: a durabilidade! Quanto à durabilidade, os produtos podem ser:

- *Duráveis.* Perduram por muito tempo, como carros e geladeiras.
- *Não duráveis.* Podem durar minutos, em certos casos (ex.: pacote de biscoitos ou lata de refrigerante).
- *Semiduráveis.* Têm uma subsistência intermediária em termos de tempo, como no caso de lâmpadas e perfumes (que, espera-se, não vão durar muitos anos se usados regularmente, mas também não terminarão em pouquíssimo tempo).

Podemos, porém, ir mais além em nossa busca por entender o que é um produto para o marketing. Quando um consumidor compra um carro, por exemplo, o que realmente está buscando? Seu objetivo é ter o carro simplesmente para deixá-lo parado na garagem de casa e garantir que sua vaga não está sendo ocupada por algum vizinho espaçoso ou é utilizar esse carro para se locomover pela cidade? Se for a segunda opção, por que não utilizar um serviço de transporte para isso? Em última análise, sua satisfação seria atingida da mesma maneira, certo? Pois bem, essa é uma forma de entender por que experiências, conteúdos digitais, ideias e os serviços também podem ser considerados produtos, para o marketing. Mas estes têm uma característica que os difere: a intangibilidade.

Quanto à tangibilidade, um produto pode ser *tangível*, quando podemos tocar, ver e sentir, ou *intangível*, quando sentimos seus efeitos, porém, não podemos tocá-los – é nessa última categoria que se destacam os serviços. Assim, é importante destacar que ao falarmos de produto não estamos nos referindo apenas aos bens tangíveis, mas também àquilo que é capaz de agregar valor ao consumidor, ainda que não possa ver ou tocar.

Nessa linha, podemos ainda ir mais além. Por que não pensar em algo mais abstrato como um lugar, ou uma pessoa? São exemplos de produtos os seguintes:

- um bem material: caderno;
- um serviço: táxi;
- um lugar: Havaí;
- uma pessoa: Neymar;
- uma ideia: não beber e dirigir;
- uma combinação de vários desses itens.

Além das classificações citadas, cada produto pode ser analisado segundo uma hierarquia de valor e conforme seu ciclo de vida, como a seguir.

Hierarquia de valor para o cliente: os níveis de produto

Ao comprarmos um produto, pensamos não só no bem material que estamos levando para casa (ou no serviço de que estamos usufruindo), mas também na finalidade para a qual adquirimos o produto. Conforme citado, ninguém (ou quase ninguém) compraria um carro apenas para guardar sua vaga no prédio. Ao adquirirmos um veículo, pensamos em tudo aquilo que pode ser feito com ele e em todos os benefícios que ele poderá fornecer com todas as suas características peculiares que o fazem se distinguir dos demais (é por isso que compramos um carro específico em vez de outro; ou que estudamos por um livro de marketing em vez de outro).

Com a concorrência do mercado e com produtos cada vez mais similares em termos de características físicas e funções tecnológicas, deixar claro o diferencial de um produto e de que forma ele satisfaz os desejos e necessidades do consumidor torna-se uma tarefa complexa.

Para conseguir realizar essa tarefa e fazer com que o produto seja valorizado como um todo pelo cliente, deve-se ter em mente que o produto é constituído de cinco níveis, conforme ilustrado na figura 10, cada um correspondendo a um grau de satisfação do consumidor e trazendo características próprias, em nível crescente e com expectativas diferentes.

Figura 10
Hierarquia de valor

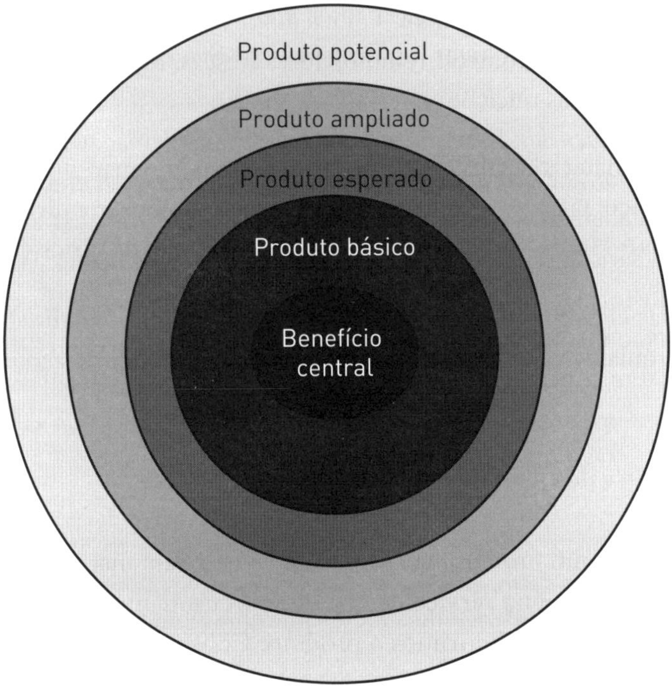

Fonte: Kotler (1998).

Os cinco níveis de produto são:

- *Benefício central.* É o produto como algo perceptível pelo cliente/usuário, ou seja, é o ponto em que o consumidor está comprando o benefício fundamental do produto. Por exemplo, uma pessoa que irá viajar e procura um quarto de hotel, busca, na verdade, um local para descansar, ou um pernoite.
- *Produto básico.* Refere-se àquilo que o consumidor está de fato comprando, englobando exatamente aquilo que é adquirido. Por exemplo, o quarto de hotel deve incluir uma cama, um banheiro, toalhas, penteadeira e armário.
- *Produto esperado.* Uma série de atributos e condições são normalmente esperados pelo consumidor. Por exemplo, o quarto de hotel deve ter cama arrumada, toalhas limpas, lâmpadas que iluminem o ambiente e um relativo grau de tranquilidade.

- *Produto ampliado.* Engloba os diferenciais (ou produtos e serviços acessórios) que fazem o produto ser mais valorizado, buscando exceder as expectativas do consumidor. Por exemplo, o hotel pode incluir um aparelho de TV com controle remoto, flores frescas, registro rápido, *check-out* expresso, boas refeições e serviço de quarto.
- *Produto potencial.* Esse nível se refere a transformações a que um produto pode ser submetido no futuro, valorizando-se ainda mais. Aqui se percebem as novas maneiras pelas quais, no futuro, as empresas poderão satisfazer os consumidores e diferenciar sua oferta. Por exemplo, a transformação do hotel em um estabelecimento exclusivamente com suítes, onde os hóspedes ocupam uma série de quartos, representando uma transformação inovadora do produto hotel tradicional. Isso poderia ocorrer em meses, anos ou décadas.

É relevante ressaltar que esses níveis da hierarquia apresentados não se referem a uma escolha do analista – isto é, não se "decide" analisar apenas o produto potencial, ou apenas o produto básico, por exemplo. Todos os produtos podem ser avaliados segundo a hierarquia apresentada, que é integrada por todos esses níveis.

Ciclo de vida do produto

Os produtos, por vezes, são esquecidos nas prateleiras dos estabelecimentos comerciais por terem surgido no mercado outros melhores, mais modernos, mais velozes etc. Esses novos produtos lançados aumentarão suas vendas rapidamente até um ponto em que seu diferencial já não será visto como destaque no mercado, de tal forma que suas vendas passem a ser paulatinamente reduzidas, até declinarem e esses produtos se tornarem os novos responsáveis por formar o estoque nas prateleiras.

Essa trajetória é comum para vários e vários bens de consumo e, se fizermos um esforço de imaginação (e desconsiderarmos as prateleiras), ilustra também a situação de diversos bens industriais. É o que chamamos de "ciclo de vida do produto" (CVP). O ciclo pode ser resumidamente descrito em quatro etapas, descritas a seguir e ilustradas na figura 11.

Figura 11
Ciclo de vida do produto

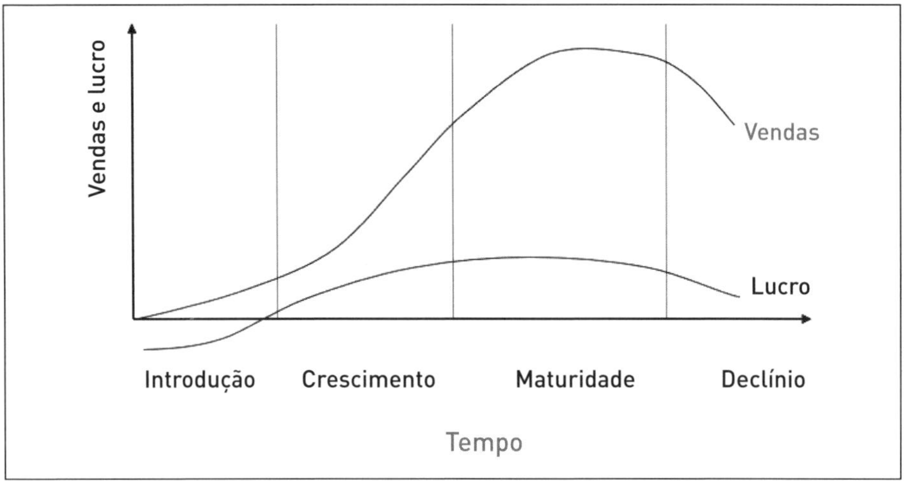

Vejamos:

- *Introdução.* Período de ingresso do produto no mercado. Há baixo crescimento de vendas. O lucro é reduzido ou a empresa tem prejuízo devido aos investimentos feitos para produzir, lançar e divulgar o produto.
- *Crescimento.* Período de rápida aceitação pelo mercado e crescimento das vendas e dos lucros.
- *Maturidade.* Os níveis de lucro tornam-se estáveis ou diminuem, em função dos gastos que a empresa tem para defender o produto da concorrência. Neste estágio, as vendas estabilizam, pois o produto já é conhecido e o mercado cresce pouco ou nada.
- *Declínio.* Vendas e lucros em declínio, com baixo custo por cliente (no que tange à realização de campanhas e divulgações) e redução no interesse pelo produto.

As curvas se referem a vendas e lucros e denotam que há prejuízo no início, enquanto a empresa gasta com a introdução do produto no mercado. No crescimento, em geral se atinge o ponto de equilíbrio e o produto passa a ser lucrativo.

Cabe notar que quando analisamos o ciclo de vida do produto, o grande desafio por parte das empresas é conseguir prolongar as etapas de crescimento e maturidade. Estratégias de reposicionamento de marca, lançamentos, distribuição, penetração, precificação, promoção etc. contribuem para esse objetivo, por vezes se valendo de pesquisas sobre o produto com os consumidores e da inovação tecnológica para fazer com que novidades sejam constantemente lançadas e levem o consumidor a ter outra experiência.

Exemplo

No caso de prolongar os ciclos, pode-se exemplificar o mercado de TVs. Das TVs em preto e branco, partiu-se para as TVs em cores, a válvula. Depois, surgiram as TVs a transistor, depois as de plasma, as de LCD, as digitais e assim por diante. Ou seja, o produto se mantém na maturidade graças às inovações apresentadas periodicamente.

O quadro 19 apresenta uma comparação entre os estágios do CVP, expondo suas características, os objetivos de marketing e as estratégias (de produto, preço, distribuição e promoção).

Quadro 19

Características dos estágios do ciclo de vida do produto

	Introdução	Crescimento	Maturidade	Declínio
Vendas	São baixas	Expandem-se rapidamente.	Pico de vendas.	Em declínio.
Custos	Alto custo por cliente.	Custo médio por cliente.	Baixo custo por cliente.	Baixo custo por cliente.
Lucros	Negativos ou baixos.	Crescentes.	Elevados.	Declinantes.
Objetivos de marketing	Criar consciência do produto e induzir a experimentação.	Maximizar a participação de mercado.	Maximizar lucros e defender a participação de mercado.	Reduzir gastos e tirar o máximo da marca.
Produto	Oferecer uma versão básica.	Oferecer novas características ao produto, garantia e atendimento.	Diversificar marcas e modelos.	Eliminar modelos fracos.
Preço	Alto, em geral.	Preço para penetrar no mercado.	Equivalente ao da concorrência.	Reduzir preço.
Distribuição	Seletiva.	Intensiva (desenvolver).	Mais intensiva.	Eliminar pontos de venda não lucrativos.
Promoção	Promover ou reforçar a conscientização do produto entre adotantes imediatos e distribuidores.	Conscientização do produto e interesse no mercado de massa.	Reforçar as diferenças de marcas e benefícios.	Reduzir ao nível necessário para reter clientes fiéis e convictos.

Fontes: Kotler (1998); Kotler e Keller (2012).

> **Curiosidade**
>
> Nem todos os produtos seguirão um ciclo de vida como o apresentado (em forma de S). Alguns são introduzidos e acabam rapidamente; outros se sustentam no estágio de maturidade por longo tempo.
>
> Há produtos que têm uma maturidade muito pequena, pois em pouquíssimo tempo estarão desatualizados, como os softwares antivírus. Há ainda produtos que são lançados e somem do mercado rapidamente – os chamados produtos "da moda" ou "da estação". Nesses casos, a curva do CVP assemelha-se a uma diagonal para cima e outra para baixo, como um "V" invertido.
>
> Em contrapartida, há também produtos que chegam ao declínio, mas voltam ao crescimento, como o Tylenol ou as Havaianas.

Do ponto de vista do marketing, o produto é aquilo que se direciona a um mercado estabelecido a fim de satisfazer alguma necessidade. Mas é importante que se tenha em mente que o "P" de produto, como aqui abordado, pode se referir a qualquer solução para uma necessidade dos clientes. Devido ao crescimento do mercado de serviços – que funcionam como "produtos intangíveis" que satisfazem necessidades específicas dos clientes –, estes serão abordados em detalhe.

Serviços

Conforme apresentamos anteriormente, os serviços também podem ser vistos como produtos, do ponto de vista do composto de marketing, isto é, por constituírem algo oferecido a um mercado. Serviço é qualquer atividade que uma parte possa oferecer a outra e que tenha, basicamente, quatro características, as quais impactam os clientes (Kotler e Keller, 2012):

- *Intangibilidade.* Serviços não podem ser tocados nem tratados fisicamente. A intangibilidade dificulta a precificação do serviço e permite subjetividade na avaliação do serviço prestado. É necessário "tangibilizar" o que é oferecido aos clientes, portanto é relevante chamar atenção para esse processo de "tangibilização". Por exemplo, uma empresa que vende excursões à Disney pode apresentar filmes e gravações das excursões já feitas para que o potencial consumidor perceba o tipo de serviço prestado e tenha interesse nele.
- *Inseparabilidade.* Serviço requer a presença do fornecedor junto ao cliente. A colaboração do cliente por vezes é essencial à qualidade; a produção de serviços pode ter a participação do(s) cliente(s); assim, serviços podem se assemelhar a processos, na visão do cliente; a interação entre o prestador e o cliente pode afetar o resultado do serviço.

- *Variabilidade*. Não há como se padronizar um serviço totalmente; ele depende de para quem é prestado, quando e onde. É comum, devido ao conhecimento da variabilidade, que clientes pesquisem por referências antes de selecionar o prestador do serviço que desejam. Deve-se reforçar a questão de que serviços são variáveis, dependendo sempre de: para quem são prestados, onde e quando são prestados e quem os presta.
- *Perecibilidade*. Serviços não podem ser armazenados e são perdidos para sempre se não forem prestados no momento da demanda; a gestão da oferta deve ser bem calculada, a fim de que não ocorra excesso de fornecedores do serviço para poucos clientes ou excesso de clientes para o serviço, pois isto será nocivo a todos. Serviços só existem enquanto estão sendo prestados. Um exemplo de perecibilidade seria um voo entre Rio de Janeiro e São Paulo, com capacidade para 200 passageiros, que parte com apenas 150. Os 50 assentos desocupados não poderão ser recuperados, ou seja, eles perecerão.

Devido às suas peculiaridades, o mix de marketing para os serviços toma outra dimensão. Considera-se, para tal, um "mix expandido", de tal forma que ao invés de quatro Ps de marketing, agora se percebem sete. Os Ps de pessoas (quem presta o serviço), *physical evidences* (ou evidências físicas, ou ainda, como alguns autores chamam, "palpabilidade") e processo (os passos dados para realizar o serviço) se juntam aos quatro primeiros, conforme quadro 20.

Quadro 20

Os sete Ps do marketing de serviços

Elementos do mix de serviços	Componentes e constituintes
Produto	Características físicas do produto, qualidade, embalagem, garantia, marca, instrumentos acessórios etc.
Preço	Nível de preço cobrado, formas de pagamento, descontos, acréscimos etc.
Praça	Canais, intermediários, distribuição, estoque, logística, exposição física etc.
Promoção	Propaganda, publicidade, vendas pessoais, marketing direto, promoção de vendas, relações públicas, e-mail marketing etc.
Pessoas (ou pessoal)	Funcionários, treinamento, atendimento, recompensas, premiações, motivação etc.
Evidências físicas	Equipamentos, sinalização das lojas, uniformes da equipe de atendimento, asseio nos estabelecimentos etc.
Processo	Etapas a seguir, participação dos clientes, etapas necessárias, atividades, fluxos etc.

Fontes: adaptado de Kotler (1998); Kotler e Keller (2012).

Vejamos, a seguir, questões a respeito de marca e de produto.

Marca e linhas de produtos

Marca

Ao pensar em qualquer produto, é difícil desassociá-lo de uma marca específica. Ao pensarmos no produto refrigerante, por exemplo, é difícil pensarmos em apenas uma bebida genérica, refrescante e gasosa. Naturalmente, acabamos associando com a nossa marca de preferência. O mesmo acontece para carros, produtos de limpeza, times de futebol. Enfim, temos a tendência de associar produtos com suas respectivas marcas.

"Marca é um nome, termo, signo, símbolo, *design* ou uma combinação desses elementos, para identificar os produtos ou serviços de uma empresa e diferenciá-los de seus concorrentes" (Kotler, 1998:393). A marca serve para mostrar que produtos, ainda que parecidos, têm diferenças. Marcas de renome ganham reputação devido a algo que têm e as concorrentes não alcançaram. Existem seis níveis de significados a que uma marca pode conduzir (Kotler, 1998):

- *Atributos.* Uma marca remete a certas características na mente do consumidor. Por exemplo, uma Ferrari sugere luxo, potência, boa engenharia e alto prestígio.
- *Benefícios.* Os atributos devem contemplar benefícios tanto emocionais quanto funcionais. A durabilidade de um carro é funcional, já o prestígio relacionado ao preço elevado é emocional.
- *Valores.* Indicam o que se representa na mente do consumidor por meio daquela marca. A marca pode indicar segurança (como no caso da Volvo), inovação (Apple) etc.
- *Cultura.* A cultura pode estar relacionada à procedência da marca. Por exemplo, a marca japonesa Toyota representa disciplina, eficiência e qualidade.
- *Personalidade.* A marca pode introjetar uma personalidade. Por exemplo, o caubói dos cigarros Marlboro.
- *Usuário.* É o público-alvo do produto, que preza os valores, a cultura e a personalidade da marca.

Linhas de produtos

"Uma linha de produtos é constituída por um grupo de produtos diretamente relacionados por desempenharem uma função similar, serem vendidos aos mesmos grupos de consumidores, comercializados pelos mesmos canais ou vendidos dentro de uma faixa de preço específica" (Kotler, 1998:388). Um exemplo claro são as empresas que produzem e comercializam carros de luxo para consumidores de alta renda. Habitualmente, essas empresas tendem a ofertar opções distintas de carros, com diversos suplementos e vantagens, porém, todos eles compartilham uma característica similar: são de alto luxo e feitos para um nicho específico de mercado.

É claro que, se uma empresa começa a ofertar produtos de uma linha específica, isso não a deixa confinada para sempre àquele produto e àquele mercado. Ao identificar boas oportunidades comerciais em um novo mercado ainda não explorado, uma empresa pode, tranquilamente, pensar em ampliar ou complementar sua linha de produtos, buscando ampliar seu mercado consumidor ofertando um novo produto com características diferenciadas. Tal ampliação pode se dar de diferentes modos:

- *Ampliação mercado acima.* Empresas que atuam em um mercado de baixa renda passando a oferecer opções para alta renda, como fez a marca Havaianas ao iniciar a linha Havaianas Top, que quando surgiu era quase três vezes mais cara que as originais.
- *Ampliação mercado abaixo.* É o que ocorre com empresas reconhecidas por vender, por exemplo, carros de luxo para pessoas de alta renda que passam a ofertar também automóveis mais populares.
- *Ampliação em ambos os sentidos.* Um exemplo é o que ocorreu com algumas redes de hotéis de preço na média do mercado, que passaram a oferecer opções de mais luxo (mais caras) e mais baratas, para determinados segmentos do mercado.
- *Complementação.* Diz respeito a adicionar mais itens dentro da faixa atual da linha de produtos. Pode ser atingida por meio de novas versões, com tamanhos, sabores, cores diferentes, como no caso de um chocolate de 100 g, que lança uma versão *diet* e uma versão de 250 g, assim ofertando mais itens em uma mesma linha de produtos.

Fique atento!

Extensão da linha de produtos é o aumento no número de itens comportados por uma mesma linha. Cabe destacar que nem sempre ofertar mais opções para o cliente potencial é melhor para a empresa e, por vezes, sequer aumenta a chance de finalização de compra por parte dele. Se uma empresa de automóveis, por exemplo, ofertar 10 tipos diferentes de carros de alto luxo como opções para seu cliente, ela deverá ter estrutura para a montagem de todos esses 10 tipos, o que implica a compra e a estocagem de insumos para todos eles, bem como maquinário para permitir a produção conjunta de todos, o que encarece ainda mais os custos de produção e o preço do produto final. É por isso que não vemos as empresas colocando diversas opções e possibilidades para um mesmo mercado. Ou seja, há limites na extensão da linha de produtos, o que deve ser estudado com cautela em termos de custos e benefícios.

De forma análoga, diversos motivos levam à ampliação ou à complementação da linha, como elevar os lucros da empresa, usar excesso da capacidade de produção, assumir a liderança do mercado, posicionando-se como uma empresa que oferece uma linha completa de produtos, ou satisfazer revendedores. Cada um dos motivos pode ocorrer em circunstâncias diferentes das demais. Vai depender do mercado, da empresa e de suas capacidades e recursos.

Antes de essa decisão ser tomada, porém, ela também tem de ser muito ponderada para não causar prejuízos à empresa. Se nossa empresa, reconhecida pela montagem de carros de luxo, resolver entrar no mercado de carros populares com um carro específico, por exemplo, haverá chances de ela sofrer dois reveses: (1) os consumidores tradicionais podem não aceitar a mudança da empresa, já que poderiam perder a primazia de desfilar com um carro dessa marca, e (2) os consumidores com menor poder aquisitivo podem não reconhecer a marca como uma potencial fornecedora de carros para seu padrão de renda. Como resultado, a empresa poderia perder clientes antigos sem captar novos, ainda que já tenha incorrido nos custos para o lançamento do novo modelo.

A partir da compreensão da importância das linhas de produtos e de suas particularidades, deve-se atentar para características relevantes dos produtos, como a embalagem e o *design*, que compõem sua estrutura e apresentação ao mercado. Elas estão detalhadas a seguir.

Embalagem e *design*

Quando pensamos em *design*, nos remetemos naturalmente ao apelo visual do produto, que serve para atrair os consumidores. Cumpre notar, porém, que "*design*" é mais amplo que "estilo". Ele extrapola o conceito da aparência do produto e também contribui para a facilidade de utilização, segurança, custo e distribuição. Ao se projetar um produto, seu *design* não se refere apenas à aparência, ou seja, ao "visual". Há funcionalidades envolvidas.

Design é o conjunto de características que dizem respeito à aparência, à sensação e ao funcionamento do produto na perspectiva do consumidor (Kotler e

Keller, 2012). Ele oferece benefícios tanto funcionais quanto estéticos, apelando para o emocional e o racional dos clientes. Em linhas gerais, os principais aspectos relacionados ao *design* são:

- visual agradável;
- embalagem de uso fácil;
- instalação conveniente;
- conserto descomplicado;
- facilidade de descarte.

Exemplo

Os automóveis de passeio evoluíram bastante nas últimas décadas. Há 30 ou 40 anos, os carros eram mais "quadrados" do que hoje em dia, quando as formas são claramente mais arredondadas.

Por que será que os carros dos tempos atuais são mais arredondados? Isso se deve apenas à aparência ou há alguma funcionalidade relacionada a esse tipo de *design*?

O *design* se refere ao projeto do carro, e não apenas à sua aparência física. Graças às linhas mais arredondadas dos carros atuais, eles sofrem menos impacto da resistência do ar, o que era comum em automóveis antigos, cujo para-brisa era inclinado em quase 90 graus. Com as curvas atuais, o ar "passa" pela lataria e não exerce tanta pressão no veículo em movimento, que acaba até gastando menos combustível devido ao *design* mais adequado do produto.

Dessa forma, o *design* é um atributo que agrega valor ao produto ofertado por despertar interesse e a percepção de algo atrativo ou funcional, fornecendo uma experiência de maior valor ao público-alvo. Por meio de um *design* eficiente, aumentam-se as chances de encantar o consumidor, fazendo com que seu interesse aumente. Se o *design* é bem projetado, os elementos a ele relacionados agregarão valor ao produto, pois refletem o que os clientes esperam de bens funcionais, atraentes e agradáveis. *Design* se relaciona a elementos como:

- projeto do produto;
- aparência;
- facilidade, segurança e custo de uso;
- simplicidade e economia de produção;
- facilidade de distribuição e armazenamento.

O *design* tem o poder de criar toda uma experiência e "estilo de vida" para os consumidores (Kotler, 1998). Assim, é relevante que seja observado em um planejamento de marketing para o lançamento de um produto, mesmo para sua adequação a algum mercado. Tendo em vista os aspectos acima citados, os profissionais de marketing devem aplicá-los em busca de eficácia e diferenciação, a fim de obter vantagem competitiva também devido aos ganhos em termos de diferenciação no design (Kotler, 2000:33).

Outra característica também associada à estética do produto é a embalagem. E não é por menos. No caso de lojas de autosserviço, por exemplo, em que a escolha do produto e a decisão de compra podem ocorrer no próprio ponto de venda, uma embalagem diferenciada certamente ajudará a vender mais, atraindo o consumidor potencial. Nesse sentido, sua relevância para o marketing e para as vendas é tamanha que, por vezes, é chamada de "o quinto P" do marketing em referência ao termo *package* (pacote, em inglês).

Para além do seu papel estético, porém, a embalagem é definida como "o conjunto de atividades de design e produção do recipiente que envolve um produto" (Kotler e Keller, 2012:368-369), tendo como funções e objetivos principais:

- Facilitar o transporte e o manuseio do produto.
- Acondicionar o produto: ajudar a proteger o produto. Nessa perspectiva, cabe destacar que a embalagem costuma ter até três níveis de materiais: (1) embalagem primária (ex.: frasco de perfume); (2) embalagem secundária (ex.: caixa de papelão onde o frasco é conservado); (3) embalagem de remessa (ex.: caixa maior com seis dúzias de perfume, para enviar aos varejistas).
- Comunicar informações sobre os produtos: identificar a marca, transmitir informações descritivas e persuasivas, fornecer informações sobre o consumo e a armazenagem do produto. Rótulos costumam compor as embalagens, oferecendo informações ao cliente (sobre o produto, seu uso e cuidados) e destacando suas características (fabricante, inscrição estadual/municipal, código de barras, data de fabricação, validade, número do lote, ingredientes, informações nutricionais etc.).

Métricas em produto

Algumas métricas são utilizadas para o lançamento de novos produtos durante a etapa referente ao planejamento. Essas métricas buscam responder a questões como: que volume desse novo produto pode ser vendido? Haverá a canibalização dos produtos já existentes depois do lançamento do novo item? Que impactos ocorrerão sobre a imagem da marca?

Amostras de intenção de compra dos consumidores, assim como informações sobre a repetição de aquisições, oferecem suporte para que os profissionais de marketing prevejam as vendas.

As empresas utilizam algumas métricas no momento de lançamento de um novo produto no mercado. Ao decidir pelo lançamento de um novo produto, os profissionais de marketing podem beneficiar-se de previsões que, conforme Farris et al. (2007), envolvem projeções de crescimento no mercado. Além disso, as métricas de canibalização são importantes porque determinam que impacto o novo produto terá no portfólio da empresa.

> **Importante**
>
> É importante ter em mente que nem todas as métricas são adequadas a todos os tipos de organizações, mercados ou mesmo a todas as situações.
>
> Por exemplo, um pequeno ou médio empresário tentando realizar a conta de participação relativa no mercado poderá ficar frustrado ao perceber que será muito difícil obter uma resposta, já que pode não contar com recursos financeiros e de mão de obra suficientes para levantamento dos dados e tomada de decisão.
>
> Assim, o gestor de marketing deve considerar a relação entre o custo de obtenção das informações necessárias para realização dos cálculos *versus* os benefícios decorrentes delas.

Experimentação

Os profissionais de marketing utilizam testes de mercado e projeções de vendas, os quais permitem que realizem previsões e inferências por meio de levantamentos e estudos de mercados a respeito dos produtos.

O marketing efetivo é resultante de conhecimento e compreensão, por parte dos clientes, de como o produto vai atender às suas necessidades. Dessa maneira, é desenvolvida uma série de ações para administrar o composto de marketing dos seus produtos, tais como: (1) desenvolvimento e lançamento de novos produtos; (2) investimento em ações comerciais e distribuição; (3) definição do preço dos produtos; (4) comunicação relativa à marca difundida por anúncios e propagandas em veículos de comunicação.

A taxa de experimentação diz respeito ao percentual de clientes de determinado universo que, pela primeira vez em um período, adquirem ou utilizam um produto. As taxas são comumente estimadas com base em levantamento com clientes potenciais, os quais respondem se realizaram a compra do produto com alguma probabilidade:

$$\text{Taxa de experimentação (\%)} = \frac{\text{Clientes de primeira viagem}}{\text{Total de clientes}}$$

Em relação à intenção de compra, a certeza de que a compra não será realizada se dá devido às respostas menos favoráveis, que incluem incertezas maiores. No entanto, muitos respondentes não se comportam da maneira como declararam suas intenções, obrigando as empresas a realizar ajustes nas suas projeções.

Repetição

Além da taxa de experimentação, é fundamental estimar a fração de clientes que voltam a adquirir um produto que já haviam experimentado. Dos que fizeram a aquisição pela primeira vez, é comum esperar uma taxa de repetição pouco elevada. Já no caso em que houve ao menos uma recorrência de recompra, podemos esperar taxas de repetição maiores. Essas considerações são relevantes para estimarmos a taxa de repetição. O cálculo para avaliar a quantidade de compradores que repetirão a compra é a seguinte:

$$\text{Compradores repetidos} = \text{População de experimentação} \times \text{taxa de repetição (\%)}$$

Já para o cálculo do volume de repetição, multiplica-se o número de compradores repetidos pela quantidade média de aquisições que projetamos que os compradores farão no período. O resultado apresenta o volume total de vendas esperadas para o produto no período:

$$\text{Volume de repetição} = \text{Compradores repetidos} \times \text{quantidade média por compra} \times \text{média de compras no período}$$

Penetração

As medidas de penetração conferem o quanto determinado produto ou marca está imerso em uma população. Dessa forma, são relevantes para os gestores de marketing em suas estratégias de expansão de mercado, seja atraindo novos consumidores para esse mercado ou conquistando clientes que já consomem aquele tipo de produto, tomando espaço dos concorrentes. Tais medidas auxiliam, assim, a compreensão sobre qual das duas estratégias é a mais apropriada e também permite o monitoramento do seu sucesso. Considerando os clientes, a penetração pode ser vista segundo duas perspectivas:

- *Penetração de mercado*. Quantidade de pessoas, integrantes de uma população de interesse, que consumiram determinado tipo de produto (clientes) ao menos uma vez em certo período de análise:

$$\text{Penetração de mercado (\%)} = \frac{\text{Consumidores do produto}}{\text{População}}$$

- *Penetração de marca*. Quantidade de pessoas, integrantes de uma população de interesse, que consumiram determinada marca, ao menos uma vez, em certo período de análise:

$$\text{Penetração da marca (\%)} = \frac{\text{Consumidores da marca}}{\text{População}}$$

Observação

O período de apuração usado por uma organização para o cálculo das medidas de penetração pode impactar os resultados obtidos, já que certas categorias de produtos tendem a passar longo período sem serem consumidas pela mesma pessoa.

Um exemplo disso é o mercado de cosméticos. Ainda que um consumidor seja fiel a uma marca de xampu, ao comprar uma unidade passará um bom tempo sem adquiri-lo novamente, já que demora a usar tudo o que comprou, ainda mais se, porventura, valer-se de algum desconto específico para comprar mais de uma unidade de uma vez.

Assim, se os profissionais de marketing reduzem o período de análise, podem esperar queda na penetração de mercado.

Uma medida complementar é a fatia de penetração de marca, que pode ser definida como a comparação entre o total de clientes da marca com o total de clientes de categoria na população de interesse:

$$\text{Fatia de penetração da marca (\%)} = \frac{\text{Consumidores da marca}}{\text{Consumidores do produto}}$$

Dica

A métrica de fatia de penetração é menos sujeita ao efeito do período de análise por se tratar de uma comparação entre marcas.

Há alguns conceitos que são úteis na apuração de métricas de penetração e podem ser usados para o cálculo de suas variações:

- *Clientes ativos*. Total de clientes que adquiriram a marca ou categoria ao menos uma vez no período. Não inclui ex-consumidores, ou seja, aqueles que já adquiriram anteriormente, mas não no período estudado.
- *Clientes totais*. Alternativamente, pode ser computado o percentual daqueles clientes que já experimentaram a marca em algum momento, não necessariamente no período específico em análise.
- *Clientes potenciais*. Por fim, as métricas poderiam ser calculadas com aqueles que estão dispostos a adquirir o produto e receber seus benefícios, mas não necessariamente o adquiriram no período.

No processo de relacionamento com os clientes, a intenção de qualquer marca é ser capaz de fidelizar o cliente. Por vezes, é melhor para as organizações manter poucos clientes, mas leais, do que muitos clientes que comprem marcas concorrentes. Uma medida relacionada ao conceito de lealdade do cliente é o *share of wallet*. Ela representa o percentual de compras na categoria de interesse que se deve à marca em análise, dentro do grupo de clientes da marca:

$$\textit{Share of wallet}\ (\%) = \frac{\text{Compras da marca}}{\text{Total de compras do produto (pelos compradores da marca)}}$$

O cálculo pode ser feito com base em unidades vendidas e, também, com base em receita de vendas. O indicador pode ser útil para as empresas na decisão de alocar recursos em esforços para fazer a categoria crescer, tentar tomar clientes dos concorrentes ou aumentar as compras e consumo de seus próprios clientes. Cabe, porém, fazer algumas ressalvas quanto à interpretação desse indicador:

- produtos com alta participação de mercado em geral têm ampla distribuição, ao passo que produtos com baixa participação, não;
- é difícil um cliente conseguir ser leal a uma marca que tenha baixa participação de mercado;
- é difícil obter alto *share of wallet* sem alta penetração de marca.

Participação de mercado

O monitoramento das métricas relacionadas ao universo da participação de mercado é uma forma de acompanhar indicadores que podem anunciar tendências de mudança no cenário competitivo e direcionar ações táticas e estratégicas.

A participação de mercado (*market share*) representa o percentual do mercado que se deve à participação de um *player*. O primeiro passo para o cálculo da participação de mercado é definir qual é o mercado-alvo. Essa definição, porém, não é simples, pois, se o mercado for definido de maneira muito ampla, o foco da empresa poderá ser diluído, e se o mercado for definido de forma muito estrita, a empresa poderá perder oportunidades e não acompanhar ameaças.

É importante notar que, quando falamos em "mercado", devemos ter em mente o mercado atendido pela empresa ou a fatia do mercado total em que a empresa compete. O mercado-alvo pode considerar, por exemplo, apenas certa região geográfica ou apenas um tipo de canal de distribuição. Se uma empresa atua em apenas uma região geográfica, por exemplo, os dados de consumidores e de concorrentes em outras regiões não devem ser considerados para o cômputo de suas métricas de participação.

A definição do mercado-alvo pode ser derivada da missão, da visão ou até do planejamento estratégico da empresa. Além disso, deve considerar aspectos como clientes, concorrentes, categorias de produtos ofertados, canais de vendas, delimitação geográfica etc. Uma forma de determinar o tamanho de um mercado é realizar levantamento com clientes, inclusive sobre hábitos de consumo. Feito isso, basta apenas fazer o cálculo:

$$\text{Participação de mercado (\%)} = \frac{\text{Unidades vendidas pela marca}}{\text{Unidades vendidas no mercado}}$$

Importante

É importante considerar que dados declarados por clientes tendem a ser mais enviesados do que aqueles que são registrados pelas empresas em contagens, balanços e auditorias, por exemplo. Clientes entrevistados podem declarar que consomem mais marcas conhecidas do que de fato consomem. A razão disso é que se lembram mais dessas marcas ou consideraram que consumi-las lhes confere mais *status*.

Esses tipos de ruídos não ocorreriam se fossem considerados registros de vendas em estabelecimentos de venda ou saídas de estoque, por exemplo. No entanto, muitas vezes tais registros dificilmente são disponíveis para todos os competidores.

As ferramentas de *business analytics* são úteis também nesse sentido, já que poderiam ser utilizadas para reter os dados reais do consumo dos clientes, evitando esse viés de resposta. Assim, o mercado é segmentado de maneira mais precisa.

Cabe ainda observar que:

- há diversas formas de computar os dados que serão usados na métrica;
- a participação pode ser medida com base em unidades vendidas e também com base em faturamento;
- o período e a região considerados para análise afetam a métrica;
- diferentes clientes e tipos de canais utilizados por empresas distintas podem afetar o indicador e as análises;
- os concorrentes selecionados para a composição do indicador podem afetar a definição do mercado analisado.

Dependendo das definições feitas, o indicador fornecerá informações distintas, as quais podem divergir em relação às tendências que apontam. Exemplos dessas medidas e fontes são: saída de estoque, vendas por diferentes canais, vendas no varejo, levantamentos com consumidores etc.

Conforme destacado, o período de análise também é fundamental para as tendências indicadas pelas métricas de participação de mercado:

- dados de curto prazo podem encobrir as tendências gerais do mercado por conta de oscilações específicas nos períodos analisados e levar a interpretações equivocadas;
- dados de longo prazo são mais estáveis em termos da representação de tendências, mas podem encobrir mudanças e eventos críticos pontuais que ocorram no mercado.

Outras métricas relevantes para analisar a participação do mercado são:

- *Participação relativa de mercado.* Representa a participação de mercado do fabricante sobre aquela de seu principal concorrente, em geral, o líder. A participação de mercado relativa pode ser uma forma de *benchmarking* da participação de uma empresa em relação à do líder em diferentes mercados:

$$\text{Participação relativa de mercado (\%)} = \frac{\text{Participação de mercado da marca}}{\text{Participação de mercado do principal concorrente}}$$

- *Participação da marca para o varejista.* De forma análoga à participação de mercado, é usada para denotar a participação de mercado de uma marca nas vendas de determinado varejista ou grupo de varejistas:

$$\text{Participação da categoria para o varejista (\%)} = \frac{\text{Vendas da marca no varejista}}{\text{Vendas da categoria no varejista}}$$

> **Exemplo**
>
> Uma empresa que vende produtos derivados de leite pode estar interessada em saber qual é a participação de mercado da sua marca nas vendas da categoria de derivados de leite de uma rede de supermercados específica.
>
> Por essa razão, fará um cálculo do percentual de suas vendas – em unidades ou faturamento – de produtos derivados de leite naquela rede sobre o total de vendas de derivados de leite de todas as marcas que foram comercializadas pela rede no mesmo período.

Concentração de mercado

A concentração de mercado mede o grau em que um número relativamente pequeno de concorrentes detém uma grande proporção do mercado. Conhecer a concentração de um mercado é útil para comparar a posição relativa de marcas ou empresas em mercados com características distintas e para avaliar o nível de competição dos mercados. Em termos de métricas, o índice de concentração de mercado simples agrega a participação de mercado de certo número de competidores. Seu cômputo é simples, pois basta somar as participações de mercado de competidores selecionados no mercado. Habitualmente, é calculado com os três ou quatro maiores competidores. Varia entre 0 e 1. Para tanto, deve-se:

- definir quais são as empresas que serão consideradas para o cômputo do indicador;
- calcular a participação de mercado de cada uma delas;
- somar os valores obtidos na etapa anterior.

$$\text{Índice de concentração de mercado (\%)} = \sum_{c=1}^{n} \frac{\text{Venda de cada concorrente}}{\text{Total de vendas da categoria no mercado}}$$

Exemplo

De acordo com a lista da Fortune 500 de 2017, vemos abaixo as 10 maiores empresas de tecnologia, por receita, e, seguido disso, temos a concentração de mercado entre elas (cálculo das vendas de cada uma pela soma das receitas totais):

Empresa	Receita	Concentração de mercado
Apple	$ 229.234,00	17,55%
Samsung	$ 211.940,00	16,23%
Amazon	$ 177.866,00	13,62%
Hon Hai	$ 154.699,00	11,84%
Alphabet	$ 110.855,00	8,49%
Microsoft	$ 89.950,00	6,89%
Huawei	$ 89.311,00	6,84%
Hitachi	$ 84.559,00	6,47%
IBM	$ 79.139,00	6,06%
Dell	$ 78.660,00	6,02%
	$ 1.306.213,00	100,00%

Índice de Herfindahl-Hirschman

É calculado como a soma dos quadrados das participações de mercado das empresas que operam no mercado analisado. A vantagem de utilizar o índice de Herfindahl-Hirschman (IHH) para medir a proporção de concentração é que ele confere peso ainda maior às firmas que detêm maior parcela do mercado. O índice é habitualmente utilizado para compreender a situação do mercado de uma categoria de produtos como um todo, e não de uma firma individual. O índice varia entre 0 e 1. O valor zero traduz um mercado em que não existe qualquer empresa. As etapas para o cálculo são:

1) calcular a participação de mercado de todas as empresas;
2) elevar ao quadrado cada valor calculado;
3) somar todos os valores.

$$\text{IHH} = \sum_{c=1}^{n} \left(\frac{\text{Venda de cada concorrente}}{\text{Total de vendas da categoria no mercado}} \right)^2$$

> **Importante**
>
> O IHH pode ser calculado em escala decimal, variando de 0 a 1, ou em pontos, de 1 a 10.000. Cabe destacar que, por elevar os pesos ao quadrado, obtemos um maior peso nas organizações com maior participação no mercado.
>
> Quando a participação de mercado, elevada ao quadrado, é próxima a 10.000, temos um mercado monopolista. Já um mercado de baixa concentração irá variar até aproximadamente 1.500, e os moderadamente concentrados, até 2.500, já caracterizando alta concentração após esse valor.

Outro índice útil para a análise de mercado é o índice de desempenho de categoria. Indica o desempenho de uma categoria em um segmento de mercado em relação ao desempenho dessa mesma categoria no mercado como um todo. É relevante para identificar se uma categoria é forte ou fraca em segmento quando considerado seu desempenho geral no mercado.

$$\text{Índice de desempenho da categoria} = \frac{\text{Vendas da categoria no segmento} / \text{Consumidores do segmento}}{\text{Vendas totais da categoria} / \text{População de consumidores}}$$

Outra utilização para esse índice é identificar se, porventura, um varejista específico prioriza algumas categorias de produtos em detrimento de outras.

$$\text{Índice de desempenho da categoria (\%)} = \frac{\text{Participação da categoria para o varejista (\%)}}{\text{Participação total de mercado do varejista (\%)}}$$

> **Exemplo**
>
> Uma empresa de bens de consumo de médio porte, fabricante de produtos de higiene pessoal, entrou em um processo de expansão. Por esse motivo, passou a se preocupar com concorrentes.
>
> O objetivo era tentar ocupar espaços ainda não explorados por esses concorrentes ou mesmo competir com eles em nichos nos quais ainda não tinha entrado. Para tanto, decidiu que precisaria passar a monitorar seu desempenho no mercado.
>
> Diante do desafio da expansão, surgiram várias dúvidas em seu corpo de gestores, por exemplo:
>
> - Como saber se estamos indo melhor ou pior do que nossos concorrentes?
> - Qual é nossa tendência de desempenho de mercado ao longo do tempo?
> - Qual é a fatia de mercado dos nossos principais concorrentes?
> - Quais marcas nossos clientes preferem?
>
> Tais perguntas também exigiam decisões sobre quais períodos analisar, se a participação de mercado deveria ser medida em unidades vendidas ou faturamento.
>
> A empresa tinha várias linhas de produtos e atuava em diferentes segmentos e regiões. Essa empresa passou a se perguntar se deveria separar o monitoramento do seu desempenho de mercado de acordo com essas dimensões.
>
> O desafio enfrentado pela empresa exige a apuração de métricas de marketing associadas à participação e ao desempenho de mercado e às suas subdivisões.

Marca

A marca é, potencialmente, o principal ativo que uma organização pode possuir. A expressão *brand equity* pode ser traduzida de forma simples *como valor de marca*. Sua mensuração é um elemento-chave no processo de análise do desempenho empresarial (Rodrigues e Martins, 2016). Quanto mais forte a imagem da empresa, maior seu valor no mercado.

O conceito de valor apresenta sentidos diferentes para os clientes. Os gestores de uma organização devem sempre manter o foco na criação de valor para os produtos e serviços, e este precisa ser percebido pelos clientes. Assim, duas questões devem preocupar o executivo em relação à percepção de valor de seus produtos por parte dos clientes:

- a relação entre o preço do produto dele e o dos principais concorrentes;
- a possibilidade de a marca sustentar um preço para seu produto acima da média de mercado por meio de sua proposta de valor.

Dessa forma, cabe à empresa fornecedora conhecer seu cliente e saber a que aspectos ele atribui valor (Stadler, Arantes e Ceni, 2013). Por se tratar de algo intangível, o valor de uma marca segue vários critérios abstratos de avaliação. Sendo assim, como podemos medir o valor de uma marca empiricamente?

Uma forma de mensurar isso é fazê-lo por meio do impacto que a marca gera no cliente, de maneira direta ou indireta. O valor de uma marca pode ser avaliado com base em diferentes medidas, conforme modelos de medição padronizados.

Há pelo menos três fatores importantes que são impactados pelo *brand equity*:

- *Poder de influência no mercado*. Marcas mais fortes ditam o ritmo do mercado, sejam consumidores, competidores, distribuidores, parceiros, veículos de imprensa e *stakeholders* de maneira geral.
- *Percepção de valor pelos clientes*. Quanto mais forte a marca, maior o valor que o cliente dará a ela, refletindo-se em um alto grau de confiança no trabalho realizado, dando à empresa mais espaço para inovar e para tomar decisões estratégicas importantes.
- *Lealdade do cliente*. Lealdade começa com o retorno do cliente, que com o tempo se transforma em defensor, interagindo nos canais de comunicação da marca e recomendando a outros o produto ou serviço.

> **Exemplo**
>
> A empresa Apple é um dos maiores símbolos de relevância do poder da marca. Comparando as especificações de seus produtos eletrônicos com as de seus concorrentes, a marca nem sempre apresenta as melhores soluções. Além disso, por vezes os itens custam um valor bem maior.
>
> Ainda assim, seus produtos continuam muito desejados pelo mercado. O valor de seus produtos quase não cai, mesmo depois de vários anos e da consequente desatualização.
>
> A marca se diferencia em cada detalhe. A empresa não vende notebooks, tablets ou smartphones. A Apple vende MacBooks, iPads e iPhones, e não é apenas no nome que eles se diferenciam: *design* e soluções integradas fazem da marca uma das mais valiosas do mundo e um estilo de vida.

Uma das maneiras de obter essa informação de lealdade seria por meio da seguinte pergunta: se sua marca preferida não estiver disponível, você continuará procurando-a ou a substituirá pela melhor opção disponível? Uma marca pode ter uma lealdade no nível em que seus clientes se recusem a trocá-la. Nesse caso, a marca será capaz de alavancar suas negociações fortemente com distribuidores por dispor de amplo poder de barganha. Ademais, terá como reagir em tempo hábil a ameaças competitivas, pois seus clientes tenderão a permanecer com ela enquanto elabora e executa uma estratégia para lidar com a ameaça.

Dessa forma, o mais adequado é identificar padrões específicos de lealdade em diferentes categorias antes de comparar suas métricas. A busca por medidas para a lealdade e seu monitoramento é muito importante para os profissionais de marketing, que precisam compreender o valor das suas marcas aos olhos dos clientes finais e revendedores.

Outro indicador relevante para a análise da penetração do mercado é o *heavy user*, uma medida de intensidade relativa de consumo. Indica como ou quanto os consumidores de uma marca usam a categoria à qual ela pertence, em comparação com o consumidor médio da categoria. Podemos fazer esse cálculo com base em unidades vendidas ou unidades monetárias:

$$\text{Indicador de } \textit{heavy user} = \frac{\text{Média de compras totais da marca}}{\text{Média de compras totais da categoria de produtos}}$$

O indicador leva a conhecimentos sobre as fontes do desempenho de mercado e as origens da base de clientes de uma marca. Seu propósito é definir e verificar se os clientes de uma marca são *heavy users* ou não ao quantificar o quão fortemente eles usam a categoria do produto.

Quando o indicador de *heavy user* de uma marca é maior do que 1,0, significa que os clientes usam a marca mais fortemente ou a compram mais frequentemente do que um cliente médio da categoria. Estamos tratando da razão entre o consumo médio dos produtos de uma categoria pelos clientes de uma marca específica e o consumo médio dos produtos da categoria por todos os seus clientes.

Observação

Podemos comparar os indicadores de *heavy user* com base em unidades vendidas e em faturamento. Isso permite saber se os preços das compras feitas pelos clientes daquela marca estão acima ou abaixo dos preços médios praticados nas compras dos clientes da categoria.

É relevante observar que o indicador não representa o quão fortemente os clientes usam a marca, mas o quão fortemente os clientes da marca usam os produtos da categoria. Dessa forma, uma marca pode ter um indicador alto, implicando que seus clientes são *heavy users* da categoria, mesmo que o uso que façam da marca seja pequeno em relação ao das outras.

Por essa razão, é importante analisar essa medida junto com as demais medidas relacionadas a desempenho e participação de mercado, para uma compreensão geral do quadro que envolve a marca em questão.

A disposição de procurar também é uma medida de lealdade no universo das métricas. A medida informa sobre a atitude dos consumidores de uma marca e sobre suas chances de defesa contra ataques de concorrentes. O objetivo é averiguar o comprometimento da base de clientes da marca. A lealdade à marca pode ser considerada um ativo.

Estamos nos referindo ao percentual de consumidores dispostos a atrasar a compra, mudar de PDV e reduzir quantidades compradas para não precisarem mudar de marca.

A disposição de procurar se apresenta como a probabilidade de os clientes rejeitarem uma segunda opção se sua primeira escolha de produto não estiver disponível. Essa disposição representa a porcentagem de clientes dispostos a deixar o PDV sem o produto se sua marca favorita não estiver disponível.

A lealdade é multidimensional. Há clientes que se dispõem a pagar mais por uma marca e recomendá-la nos seus ciclos sociais. Além da lealdade do cliente, é relevante também mensurar a capacidade de retenção dos clientes por parte das organizações. Duas métricas são as principais para esse conceito:

- *Taxa de repetição.* Percentual de clientes da marca, em um período específico, que continuam sendo clientes da marca no período seguinte (é medida de acordo com a periodicidade do consumo).

- *Taxa de recompra*. Percentual de clientes de uma marca que a recompram em uma próxima ocasião de compra (é medido com base nas ocasiões pontuais de compra).

Em relação à marca, ainda pode ser mensurado o índice de desenvolvimento de marca. Com ele, quantifica-se o desempenho de uma marca com um grupo específico de clientes em comparação com seu desempenho médio em todos os segmentos:

$$\text{Índice de desenvolvimento da marca} = \frac{\text{Vendas da marca para segmento} / \text{Consumidores do segmento}}{\text{Vendas totais da marca} / \text{População de consumidores}}$$

Uma vez tendo abordado o conteúdo do "P" de produto, com todas as suas características e seus atributos relevantes, passamos agora à apresentação do segundo componente do composto de marketing: o preço.

6
P de preço

Você já parou para pensar por que paga o quanto paga para comprar uma garrafa de água, por exemplo? Já pensou em quais motivos levam um refrigerante a ter preço maior ou menor do que um suco? E a razão de algumas lojas fornecerem descontos caso o cliente leve mais de um produto de uma só vez?

Todos esses questionamentos dizem respeito ao preço, um dos componentes do mix de marketing. O preço pode ser definido como "a quantidade de dinheiro, bens ou serviços que deve ser dada para se adquirir a propriedade ou uso de um produto" (Churchill Jr. e Peter, 2003:314). Na ótica empresarial, porém, ao falarmos de "preço", estamos nos referindo às estratégias de determinação do valor monetário do produto.

Este capítulo tem como objetivo definir preço e apresentar suas características e como determiná-lo, considerando, de um lado, sua adequação e adaptabilidade e, de outro, as reações dos consumidores a mudanças no preço. Em conjunto, este capítulo auxilia com a menção a políticas e táticas de precificação.

Determinação do preço

Em nosso cotidiano, vemos preços o tempo inteiro, ainda que, por vezes, não nos demos conta de que estamos lidando com eles. Os "juros" são o preço pago pelo uso do dinheiro. O "aluguel" é o preço do uso de um imóvel, carro ou equipamento. Os "honorários" são o preço por um atendimento médico ou pelos serviços de um advogado. "Tarifas" são o preço pelo uso de serviços como telefonia ou água encanada. "Passagem" é o preço para o uso de transportes. "Ingresso" é o preço para entrar em um evento, como um show ou competição esportiva. "Multa" é o preço que se paga por ter cometido alguma transgressão. E assim por diante.

> **Fique atento**
>
> É comum confundirmos o conceito de preço com o de custo ou o de valor:
>
> - *Preço*. Reflete a expressão monetária do custo de um bem ou serviço.
> - *Custo*:
>   - para o consumidor: expressa tudo aquilo de que ele abre mão para que consiga obter o produto que irá satisfazer suas necessidades/desejos, ou seja, o dinheiro, além dos custos não financeiros, como tempo e oportunidades;
>   - para o produtor: refere-se ao quanto a organização deve despender para que o produto seja fabricado segundo especificações previamente definidas.
> - *Valor*. Expressa a percepção do consumidor a respeito da relação entre os benefícios obtidos e os custos incorridos para obtê-los.

A questão agora é sabermos como uma empresa determina o preço a ser cobrado por seus produtos ou serviços. Vamos destacar aqui algumas técnicas utilizadas pelas empresas para determinar seus preços.

Preço de markup

É considerado o método mais elementar. Não se considera a demanda. Adiciona-se um percentual (*markup*) sobre o preço de custo do produto.

$$\text{Preço de } \textit{markup} = \frac{CT_u}{(1 - \%\ \textit{markup})}$$

$$CT_u = \text{custo total médio}$$

O método tem a vantagem se ser simples e de fácil assimilação, porém, desconsidera aspectos como a demanda atual, o valor percebido e a concorrência. Por conseguinte, tende a ser incapaz de alcançar um preço ótimo. Dessa forma, o preço de *markup* funciona apenas se a empresa alcançar realmente o volume de vendas esperado (Kotler, 1998:444).

Exemplo

Imagine um fabricante de grampeadores que vende seus produtos a certo mercado sob as seguintes condições:

Venda esperada (VE) – em unidades	50.000
Capital investido	R$ 1.000.000
Markup (retorno desejado) – em %	20%
Custo total (CT)	R$ 800.000*
Custos fixos (CF)	R$ 300.000
Custo variável unitário (CV)	R$ 10
Custo total médio (CTu)	R$ 16,00
Custo fixo médio (CFu)	R$ 6,00
Custo variável médio (CVu)	R$ 10,00

Preço de *markup* = 16 / (1 – 0,20) = 16 / 0,8 = R$ 20.

*O custo total é: 300.000 + (10 × 50.000) = 800.000.

Preço de retorno-alvo

O preço baseado no retorno-alvo se vale do cálculo de uma métrica financeira conhecida: o retorno esperado sobre o investimento (*return on investment* ou ROI). Nesse caso, a empresa determina o preço que renderia sua taxa-alvo de ROI.

$$\text{Preço} = \text{Custos} + \frac{(\text{ROI desejado} \times \text{investimento})}{\text{Vendas}}$$

Exemplo

Imagine que o fabricante de grampeadores comentado anteriormente deseje mudar a fórmula para calcular seu preço, utilizando o ROI.

Venda esperada (VE) – em unidades	50.000
Capital investido	R$ 1.000.000
ROI – em %	20%
Custo total (CT)	R$ 800.000
Custos fixos (CF)	R$ 300.000
Custo variável (CV)	R$ 500.000
Custo total médio (CTu)	R$ 16,00
Custo fixo médio (CFu)	R$ 6,00
Custo variável médio (CVu)	R$ 10,00

Preço de retorno-alvo = 16 + [(0,20 × 1.000.000) / 50.000] = R$ 20.

No caso, o fabricante de grampeadores irá realizar os 20% de seu ROI (acima indicados) se tiver precisão na determinação de seus custos e vendas. Mas podem ocorrer problemas caso não se alcancem as 50.000 unidades vendidas. Nesse caso, o fabricante pode observar um gráfico do ponto de equilíbrio para identificar o que ocorre em diferentes níveis de vendas, conforme evidenciado pela figura 12.

Figura 12

Ponto de equilíbrio

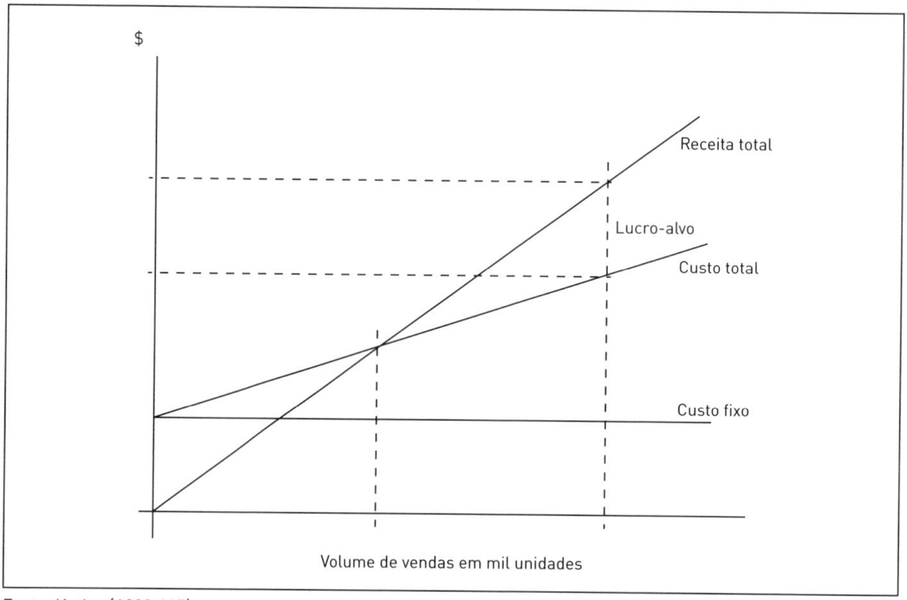

Fonte: Kotler (1998:445).

Nesse caso, os custos fixos são sempre os mesmos ($ 300.000, no nosso exemplo). Não se mostram os custos variáveis, mas eles se elevam com o volume de vendas. Custo total é a soma de custos fixos e variáveis. A receita total inicia no zero e cresce com as vendas. Quando as vendas (eixo horizontal) alcançam 30.000 unidades, as curvas da receita total e de custo total se cruzam. Esse é o ponto de equilíbrio (PE), representado pela fórmula:

$$PE = CF / (P - CV)$$

sendo CF = custo fixo; P = preço; CV = custo variável médio (unitário). No caso, PE = $ 300.000 / ($ 20 - $ 10). O preço de retorno-alvo, de $ 20, é, nesse caso, o "P" da fórmula.

Preço de valor percebido

O preço é definido com base no valor percebido pelo cliente, isto é, na percepção de valor dos consumidores, não nos custos. É preciso conhecer a percepção do mercado relativa ao valor da oferta. É uma estratégia que se ajusta ao conceito de posicionamento do produto. Em suma, no preço de valor percebido, o foco para sua definição são as percepções de valor dos clientes, e não o custo do vendedor.

Exemplo

Para tentarmos entender melhor o preço de valor percebido, vamos a um exemplo hipotético de um celular da marca Apple. Por mais que a estrutura de custos da empresa não difira muito das concorrentes para a elaboração do celular, a empresa se vale da força de sua marca e, principalmente, da percepção de valor do mercado para montar seu preço final.

Preço	Considerações
R$ 4.000	É o preço se o celular for apenas equivalente ao da concorrente.
R$ 500	É o preço *premium* pela durabilidade percebida como superior.
R$ 300	É o preço *premium* pela confiabilidade superior da Apple.
R$ 200	É o preço *premium* pelo serviço superior prestado pela Apple.
R$ 5.000	Preço de venda.

Fonte: Kotler (1998).

É relevante que seja feita uma pesquisa de mercado para que se defina a percepção de valor do mercado como uma base para a determinação eficaz de preço. Nesse exemplo, é fácil perceber como o valor agregado pela marca valoriza o produto e, em consequência, eleva o preço final em comparação com a(s) marca(s) concorrente(s)

Preço de valor

Cobra-se um preço relativamente baixo para uma oferta de alta qualidade. O preço representa, no caso, uma oferta de alto valor para o consumidor. Ao usar o preço de valor, não basta reduzir preços; é necessário redesenhar as operações da empresa para diminuir custos e elevar o valor. O preço deve ser entendido pelos consumidores daquele mercado como uma oferta de alto valor.

Exemplo

Certas redes varejistas fazem uso de uma tática conhecida como "preços baixos todos os dias" (*every day low pricing* ou EDLP). Mantendo o preço constantemente reduzido, consumidores são atraídos para a compra devido ao preço a pagar, e não necessariamente pela qualidade do produto oferecido.

Preço de mercado

O preço é determinado com base nos preços da concorrência, ou seja, menor atenção é dada aos custos ou à demanda. Essa estratégia é comum em setores oligopolistas (ex.: aço, fertilizantes, *commodities* em geral), em que as empresas menores tendem a seguir a líder de mercado, alterando seu preço quando o líder o faz, não com base em custos ou na demanda. Quando há dificuldade de medir os custos ou não se sabe como será a reação da concorrência, as empresas estabelecem seus preços orientando-se pelos preços de seus concorrentes.

Preço de licitação

O preço é baseado na expectativa dos preços dos concorrentes. O preço precisa ser suficientemente baixo para vencer a disputa (licitação), mas alto suficiente para cobrir os custos incorridos. Detalhando essa precificação, a empresa definirá seu preço a partir da expectativa de como o(s) concorrente(s) determinará(ão) o(s) dele(s), e não se baseando em uma relação que considere os custos e a demanda da empresa.

Precificação no varejo

No varejo, é comum que se utilize uma entre as seguintes políticas (Parente, 2000):

- *Preços acima do mercado.* A empresa cobra dos consumidores um valor acima da média normalmente praticada.
- *Preços médios do mercado.* A empresa cobra dos consumidores um valor na média, ou seja, não apresenta vantagem nem desvantagem em relação à média dos demais varejistas.

- *Preços abaixo do mercado.* A empresa cobra dos consumidores um valor menor que o praticado pela média dos concorrentes.

A decisão sobre qual dessas políticas adotar deve ser ponderada conforme os custos e benefícios que elas surtirão para a organização, sintetizadas no quadro 21.

Quadro 21
Políticas de preços

Preços acima do mercado	Preços médios do mercado	Preços abaixo do mercado
– Lucros são maximizados por meio não do alto volume de vendas, mas da elevada margem bruta praticada por produto. – Pouca concorrência. – Altos custos operacionais. – Consumidores dão valor aos benefícios, são pouco sensíveis a custos. – Varejista deve focar nos benefícios (localização, serviços, atmosfera, horário de funcionamento).	– Política adotada pela maioria dos varejistas. – Preço num patamar intermediário não é vantagem nem desvantagem competitiva. – No caso, a diferenciação em relação aos concorrentes é por vantagens competitivas, como localização, serviços ou linha de produtos.	– Deve estar associada a uma estrutura de baixos custos. – Menos benefícios oferecidos aos clientes. – Deve haver alto volume de vendas e alto giro de estoques. – Preço, no varejo, é uma forte arma competitiva.

Fonte: Parente (2000).

Depois de as políticas serem determinadas pelas empresas, como visto, chega o momento de serem definidas as táticas de preço. Em geral, no varejo há diversas táticas usadas e várias delas são usadas em conjunto. Exemplos dessas táticas podem ser vistos, como (Parente, 2000):

- *Preço alto-baixo.* Oferecer descontos e voltar ao preço normal. Ex.: uma loja de departamentos reduz o preço dos chocolates em um fim de semana e no início da semana seguinte volta a cobrar o preço anterior.
- *Preço baixo todo o dia.* Política permanente de preços baixos. Ex.: lojas Casa & Vídeo.
- *Alinhamento de preço.* Diferentes preços de acordo com a qualidade oferecida. Ex.: calçados e roupas.
- *Preço único.* Mesmo preço para todos os clientes. Ex.: autosserviço.
- *Preço flexível.* É possível negociar o preço. Ex.: revenda de automóveis.
- *Preço variável.* Preços não podem ser fixos, pois custos/demanda variam. Ex.: flores, frutas.

- *Preço costumeiro.* Mantém-se no mesmo patamar por muito tempo. Ex.: jornal, ônibus.
- *Preço múltiplo.* Preços menores a quem compra maiores quantidades. Ex.: compra de muitas latas de cerveja em um supermercado que oferece desconto a quem comprar mais de 10 unidades.
- *Preço de pacote.* Preço menor ao adquirir conjunto de itens diferentes. Ex.: combo do McDonald's.
- *Preço psicológico.* Não usar preços "redondos". Ex.: $ 9,99; $ 29,99; $ 199,00.
- *Preço líder.* Reduzir o preço do líder de vendas e elevar o tráfego de clientes. Ex.: Omo, Leite Moça.
- *Preço de referência.* Preço em destaque ao lado do preço normal. Ex.: "de $ 20 por $ 15".
- *Cobrir preço da concorrência.* Oferecer preço mais baixo que o menor preço anunciado.
- *Marcas próprias.* Obter margens maiores pelo menor custo das marcas próprias. Ex.: Café Carrefour.

Tendo observado as formas de determinação dos preços de produtos, é necessário compreender que, para os serviços, há algumas peculiaridades a serem apreciadas. Estas serão apresentadas na próxima seção.

Precificação nos serviços

No caso de serviços, é possível utilizar as mesmas estratégias aplicáveis aos bens físicos, contudo há que se considerar que a maior parte dos custos relacionados a serviços decorre dos custos fixos (isto é, de disponibilizar o serviço ao mercado consumidor).

Em alguns casos, pode ser necessário criar uma demanda específica, como em momentos de baixa temporada (setor de turismo ou temporadas de certos esportes, por exemplo).

As características que diferem a venda de serviços e de produtos são:

- *Intangibilidade.* Serviços são intangíveis, logo devem ser avaliados de modo distinto do que usamos para produtos físicos. Para avaliar serviços, é comum levar em conta o carisma e a simpatia do prestador, e nem sempre o serviço propriamente dito.

- *Não incorporação ao patrimônio.* Quando possuímos algo, fisicamente, há um efeito psicológico que indica que aquele produto tem certo valor, diferente do sacrifício percebido ao se adquirir um serviço, sacrifício esse maior do que o relacionado à compra de um bem físico.
- *Variabilidade nos custos.* O custo implicado na prestação de um serviço depende do que é exigido pelo consumidor, ou seja, maiores exigências ou exigências mais difíceis de cumprir elevam os custos, e isso se reflete no preço final cobrado. Assim, alguns prestadores optam por trabalhar com um preço médio.
- *Influência do tempo.* Um atendimento imediato custa mais do que aquele que demora ou exige longa espera. Certas empresas praticam preços mais elevados que a média, pois sabem que sua entrega é realizada mais velozmente que a média do mercado.
- *Não padronização.* Serviços são produzidos e consumidos simultaneamente, logo não é possível uma análise precedente do que será entregue. Caso a entrega seja diferente do que foi acordado entre cliente e prestador, pode-se considerar um reembolso ao contratante.
- *Elevada proporção de custos fixos.* Grande parte dos custos dos serviços não se deve à prestação do serviço em si, mas sim a tornar disponíveis, ou viáveis, as instalações para a prestação e o atendimento.

Todas essas características, próprias dos serviços, podem influenciar no planejamento e na definição de ações ao se focar no "P" de preço, e estratégias específicas podem ser necessárias de acordo com a resposta do mercado.

Adaptação do preço ao mercado

Em geral, as empresas não determinam um preço único, mas elaboram uma estrutura de determinação de preço que se adapta às variações na demanda, seja por características geográficas, exigências dos segmentos de mercado, época da compra, volume de pedidos ou outra necessidade (Kotler, 1998). Há cinco principais estratégias de adaptação de preço, as quais são explicadas a seguir.

Preço geográfico

A estratégia de preço geográfico é aquela na qual o preço cobrado pela empresa é determinado conforme as diferentes localidades onde o produto é vendido (países, regiões, cidades etc.). Duas são as estratégias geográficas mais utilizadas (Kotler, 1998):

- por ponto de produção, em que o produto é retirado na fábrica;
- preço de entrega uniforme, no qual o mesmo preço é cotado para todos os compradores independente de sua localização.

Diferentemente do que se poderia pensar em uma primeira análise, o preço não precisa necessariamente variar de região para região para que se identifique que tal estratégia é adotada. Por vezes, a política de preços pode ser a de fixação dos valores idênticos para todas as regiões, a despeito dos possíveis custos de produção e logísticos. Dessa forma, a margem de lucro em alguns locais pode ser sacrificada para a manutenção dos preços idênticos.

Descontos e concessões

Em uma estratégia por desconto, a empresa ajusta seus preços de lista e dá descontos e concessões por pagamento antecipado, compras de grande volume ou compras fora da alta temporada. Os tipos de descontos normalmente oferecidos são (Kotler, 1998):

- *Descontos em dinheiro.* Redução no preço para que se paguem as contas em dia, como no caso em que o vendedor dá um percentual de redução sobre o preço total para quem paga antecipadamente.
- *Descontos por quantidade.* Redução de preço para quem adquirir grandes quantidades de certo produto.
- *Descontos funcionais.* Também conhecidos como "descontos comerciais", são oferecidos pelo fabricante a membros do canal de comercialização, desde que estes assumam funções específicas, tais como estocar, vender e manter registros dos produtos.

- *Descontos sazonais.* Típicos de hotéis e empresas de transporte aéreo, são aquelas reduções no preço para quem compra o produto ou serviço fora da alta temporada.
- *Concessões.* Pagamentos extras elaborados para conseguir a participação de revendedores em determinados programas especiais (por exemplo, participar em propaganda e programas de suporte a vendas).

Os descontos são uma prática comumente realizada pelas organizações e podem ser vistos diretamente pelos consumidores no dia a dia, em todas as modalidades acima. Não podemos, porém, confundi-los com outra prática realizada pelas organizações que é o "preço promocional".

Preço promocional

Por "preço promocional" entendem-se certas técnicas de determinação de preços para estimular compras antecipadas (Kotler e Keller, 2012):

- *Preço "isca".* Supermercados e lojas de departamentos frequentemente reduzem o preço de marcas conhecidas (líderes de segmentos) para provocar um movimento maior nas lojas.
- *Preço de ocasião.* As empresas estabelecem preços especiais em certas épocas para atrair mais clientes. Ex.: liquidações em época de volta às aulas.
- *Preço para clientes especiais.* São preços vantajosos para clientes que têm alguma característica especial, como possuir cadastro de bom pagador na loja.
- *Abatimentos em dinheiro.* Servem para estimular a compra de certo produto em um período determinado.
- *Financiamento a juros baixos.* Em vez de cortar preços, a empresa pode oferecer aos clientes um financiamento a juros reduzidos. Ex.: nos Estados Unidos, os fabricantes de automóveis têm anunciado financiamento a 3% e, em alguns casos, até sem juros, para atrair clientes.
- *Prazos de pagamento mais longos.* Certas empresas oferecem empréstimos com prazos mais longos, reduzindo o valor das parcelas mensais.
- *Garantias e contratos de serviços.* As empresas podem promover vendas oferecendo uma garantia ou um contrato de serviço gratuito ou a um custo reduzido.

- *Descontos psicológicos*. Envolvem ofertar um produto a um preço artificialmente alto e, em seguida, oferecer um desconto considerável. Ex.: "de R$ 489 por R$ 299".

Preço discriminatório (ou diferenciado)

É usado quando uma empresa vende um produto por dois ou mais preços que não refletem uma diferença proporcional de custos. Os preços discriminatórios mais comuns são (Kotler e Keller, 2012):

- *Preço por segmento de cliente*. Ex.: teatros e cinemas cobrando menos pelos preços dos ingressos de estudantes e idosos.
- *Preço pela versão do produto*. Ex.: um litro de água mineral de certa marca pode custar R$ 1,00, mas na forma de *spray* hidratante, um frasco da mesma marca, de apenas 200 ml, pode custar R$ 5,00.
- *Preço de imagem*. Ex.: um perfume pode custar R$ 100,00; o mesmo perfume em outro frasco com nome e imagem diferentes pode custar R$ 150,00. Um chocolate no formato "ovo" (de Páscoa) custa mais caro que uma barra comum de chocolate de mesmo peso.
- *Preço por canal de distribuição*. Ex.: o preço de uma lata de refrigerante pode variar quando a lata é vendida em um restaurante sofisticado ou em uma máquina de vendas automática.
- *Preço por localização*. Ex.: o ingresso em um teatro pode custar R$ 500 no camarote e R$ 30 nas poltronas convencionais.
- *Preço por período*. Os preços variam conforme a temporada, o dia ou a hora. Ex.: passagens aéreas em alta temporada.

Cumpre notar que as táticas conhecidas como "preço por localização" e "preço por período" são exemplos de preço discriminatório. Isso ocorre porque, em ambos os casos, há uma diferenciação derivada de uma melhor localização (em um estádio, show ou teatro) ou de uma época mais aprazível para desfrutar de algo (como a alta temporada de viagens/férias etc.).

Preço do mix (ou composto) de produtos

A determinação do preço deve ser modificada quando o produto faz parte de um composto (mix) de produtos. Nesse caso, deve-se buscar um conjunto de preços que maximize os lucros do composto como um todo em vez de analisar cada produto individualmente. Há seis situações que envolvem a determinação de preços de um mix de produtos (Kotler, 1998):

- *Preço para linha de produtos.* Desenvolver linhas de produtos em vez de produtos individuais, introduzindo variações de preços. Ex.: processadores de computador de três velocidades diferentes. Nesse caso, os clientes associarão os processadores de baixa, média e alta velocidades a cada faixa de preço especificada.
- *Preço para características opcionais.* Oferecer produtos ou serviços adicionais ao produto principal, como opcionais em um carro, ou garantia estendida.
- *Preço para produtos complementares.* Cobrar preços baixos para a impressora e preço alto para os cartuchos de tinta, necessários ao uso adequado da impressora.
- *Preço composto.* Consiste em cobrar uma taxa fixa e uma taxa de utilização variável. Ex.: em telefonia móvel, cobram-se a taxa mínima mensal (assinatura básica) e também as taxas por ligações adicionais.
- *Preço de subprodutos.* Se os subprodutos derivados do produto principal tiverem algum valor na percepção de um grupo de clientes, poderão ter seus preços determinados com base nesse valor. Ex.: em uma fazenda em que leite é produzido, pode-se obter esterco animal e vendê-lo como adubo a quem necessitar dele.
- *Preço de pacote de produtos.* Engloba um conjunto de produtos e características por um preço fixo, como no caso de um pacote turístico, com estadia, traslado, viagem etc.

Mesmo tendo conhecimento das estratégias de adaptação de preços, o gestor deve estar atento a modificações que eventualmente possam ser necessárias, em resposta ao comportamento do mercado ou mesmo para aproveitar alguma oportunidade, ou, ainda, para evitar ameaças percebidas.

Alterações no preço e reações a elas

É comum que empresas se defrontem com situações em que os preços devem ser aumentados ou reduzidos e, nessas situações, é importante que consigam prever, dentro do possível, as reações a tais alterações.

Uma redução de preços é, em geral, percebida pelos consumidores como um momento adequado à compra. Entretanto, os consumidores podem ter outras percepções, conforme apontado por Kotler e Keller (2012). São elas:

- o produto oferecido apresenta algum defeito;
- o produto sofrerá nova redução em breve, o que sinaliza que o momento atual não é bom para a compra;
- houve alguma queda na qualidade do produto;
- o produto está em declínio no mercado ou vai sair de linha;
- a empresa pode estar com dificuldades financeiras.

A redução nos preços se dá, habitualmente:

- *Pelo excesso de capacidade da fábrica*. A produção excessiva pode exigir uma redução dos preços para que se consiga distribuir todos os produtos em estoque.
- *Pela busca por maior participação no mercado (maior market share)*. Implica uma tentativa de obter mais compradores por intermédio de preços mais baixos.
- *Por uma reação a ações de concorrentes*. Implica reduzir preços quando os concorrentes o fazem, a fim de não perder os clientes atuais.

Assim, nota-se que a redução de preços pode embutir certas armadilhas:

- *Armadilha da baixa qualidade*. Consumidores irão presumir que a qualidade do produto é baixa quando o preço é reduzido.
- *Armadilha da frágil participação de mercado*. Preço baixo de um produto eleva a participação de mercado (*market share*), mas não a fidelidade do consumidor, que comprará de qualquer um com preços menores.
- *Armadilha da escassez de recursos*. Concorrentes com preços elevados poderão reduzir seus preços, mas detêm maior resistência por possuírem mais reservas financeiras.

- *Armadilha da guerra de preços.* Ocorre quando concorrentes baixam ainda mais seus preços, em reação a uma ação de certa empresa, acarretando uma batalha por preços reduzidos.

Em contrapartida, um aumento nos preços é, habitualmente, malvisto pelos consumidores, já que eles terão de pagar mais por produtos que conseguiam consumir anteriormente com menor valor despendido. Por vezes, porém, uma empresa opta por elevar preços por algum desses motivos:

- *Inflação de custos.* É o que acontece quando o aumento de custos não é acompanhado por aumento na produtividade. Segundo Kotler e Keller (2012), custos crescentes sem um relativo ganho de produtividade "achatam" a margem de lucro e levam ao aumento de preços por parte das empresas.
- *Remarcação antecipada.* Quando a empresa presume que haverá uma inflação elevada no futuro próximo, ela se antecipa em sua elevação de preços. É comum que empresas remarquem antecipadamente os preços, isto é, promovam um reajuste de preços superior ao aumento de custos, supondo que haverá uma inflação adicional ou mesmo um controle de preços por meio de alguma legislação governamental.
- *Excesso de demanda.* Quando a empresa não consegue fornecer de forma eficaz a todos os seus clientes. Nesse caso, as maneiras de aumentar os preços são:
  - preço pela data da entrega – a empresa não determina o preço final até que o produto seja concluído ou entregue;
  - cláusula de reajuste – o cliente paga o preço contratado somado a qualquer aumento decorrente da inflação que aconteça antes da entrega;
  - desagrupamento – a empresa mantém o preço, mas retira algum elemento que fazia parte da oferta anterior, por exemplo, a instalação gratuita ou a entrega em local combinado;
  - redução de descontos – a empresa deixa de oferecer seus descontos habituais por pagamento à vista ou desconto na compra de grandes volumes do produto.

As reações a aumentos que ocorram nos preços são percebidas em diversos *players*:

- *Reações dos clientes.* Os clientes podem interpretar uma alteração no preço de maneiras variadas: (1) trata-se somente de um ajuste relacionado à inflação; (2) o produto é tão bom que teve seu preço elevado devido ao aquecimento da demanda; (3) a empresa está explorando seu cliente.
- *Reações dos concorrentes.* Quando o produto é pouco diferenciado, maior a probabilidade de haver reação. O mesmo ocorre se há um pequeno número de concorrentes. Há algumas maneiras de tentar supor as reações, como supor (1) que o concorrente terá determinada reação e (2) que a empresa irá encarar cada alteração no preço como um novo desafio e, assim, irá reagir segundo seus interesses. Nesse caso específico, algum concorrente pode entender que a empresa está visando roubar o mercado, ou que está com uma performance ruim, e assim busca impulsionar suas vendas.
- *Reações da empresa/organização.* Ainda que as empresas devam sempre tentar evitar a chamada guerra de preços, uma empresa reage quando seu concorrente altera preços. Ela pode seguir as reduções de preços dos concorrentes, manter seu preço inalterado, lançar marcas de combate, não retaliar mas aumentar sua qualidade, não retaliar e diferenciar o produto ou aumentar o preço praticado.

Algumas possibilidades alternativas de responder às necessidades, porém sem aumentar preços (Kotler e Keller, 2012):

- reduzir a quantidade de produtos em vez de aumentar os preços;
- substituir os materiais por outros mais em conta;
- reduzir ou remover características do produto para assim reduzir os custos associados;
- extinguir serviços associados a produtos, como entrega gratuita ou instalação;
- utilizar material de embalagem mais barato;
- reduzir o sortimento (tamanhos e modelos oferecidos);
- criar novas marcas, que sejam mais econômicas.

As alterações nos preços costumam ser seguidas de reações dos consumidores, tanto em relação a aumentos quanto a reduções nos valores cobrados por produtos e serviços. Assim, surge a necessidade de métricas, que são formas de medir adequadamente o desempenho de estratégias utilizadas no âmbito do marketing, em geral por meio de estatísticas e medidas específicas de performance.

Métricas no preço

Preço relativo

A medida das estratégias e práticas envolvendo preço na sua totalidade é uma tarefa muito ampla. Há, no entanto, algumas medidas e conceitos-chave fundamentais. Vamos definir alguns conceitos importantes:

- *Preço líquido.* É o valor real pago por um produto pelo cliente depois de todos os descontos serem aplicados. Também é chamado de preço de bolso.
- *Preço cheio.* É o preço do produto antes de os descontos serem aplicados. Também pode ser chamado de preço anunciado.
- *Preço relativo.* É o percentual em que o valor de venda de um produto excede um valor de referência (*benchmark*) e tem como objetivo avaliar a estratégia de definição de preço no contexto da competição mercadológica.

$$\text{Preço relativo (\%)} = \frac{(\text{Preço da marca (\$)} - \textit{benchmark} \text{ (\$))}}{\textit{Benchmark} \text{ (\$)}}$$

A relevância do preço relativo é tamanha que ele deve ser monitorado de perto pelas empresas. Mudanças nos preços relativos podem indicar escassez do produto, excesso de estoques ou alterações nos padrões de oferta ou demanda. Vários valores podem ser considerados *benchmark*:

- *Preço médio do produto no mercado.* Ao comparar o preço de uma marca com o preço médio do produto no mercado, é possível fazer inferências sobre a força da marca.
- *Preço de um concorrente específico (ou de grupo de concorrentes).* É a forma mais simples de comparação de preços, sendo útil para auxiliar na comparação com algum concorrente direto.
- *Preço relativo das marcas no mercado.* É a média dos preços praticados pelas diferentes marcas ponderada pelas suas participações de mercado, em unidades. O cálculo deve incluir a própria marca de interesse e será influenciado por mudanças de participação de mercado. É útil para saber o posicionamento da marca em relação aos preços.

> **Observação**
>
> É mais fácil selecionar alguns concorrentes para comparação do que monitorar o mercado todo. Além disso, deve-se ter em conta que é difícil obter informações confiáveis sobre concorrentes de pequeno porte.
>
> A interpretação das medidas de preços relativos deve ser feita com cautela, e estas devem ser analisadas em conjunto com as medidas de participação e desempenho de mercado.

O preço relativo pode ser calculado em todos os níveis da cadeia de produção. Como há fortes diferenças no modelo de negócios de cada componente dessa cadeia, os cálculos dos preços relativos podem também ser afetados. Assim, ao considerar as atividades do fabricante, do distribuidor e do varejista, é importante observar, para o cálculo das margens, preços cheios e preços com descontos promocionais.

O objetivo das métricas relacionadas a promoções e repasses é medir se as promoções ao comércio estão gerando promoções aos consumidores finais. A compreensão dos efeitos causados pelos programas promocionais é fundamental para saber:

- se os resultados são satisfatórios;
- se o lucro da empresa seria maior ou menor sem eles;
- quais são seus impactos na percepção de valor da oferta.

Isso também ajuda a entender as estratégias de repasse de descontos praticadas pelos diversos canais na cadeia e sua influência sobre o consumidor final. Por essa razão, é importante discutir as principais métricas associadas aos efeitos de ações promocionais e suas implicações.

Os programas promocionais podem ser direcionados para influenciar o comportamento dos consumidores finais, distribuidores e varejistas ou mesmo da força de vendas da empresa. O objetivo primário é impactar as vendas, mas eles também podem afetar custos.

Não é incomum, entretanto, que o efeito de uma promoção nos lucros seja negativo no curto prazo. Há diversos caminhos para incrementar vendas e lucros, e as promoções são um deles. Ao se falar de preço e de sua forma de mensuração, quatro tipos de promoções emergem:

- cupons;
- deduções e discriminação de preços;
- queda em nível cascata;
- descontos.

Cupons

Os clientes, por vezes, apreciam receber cupons ou vales-desconto, apesar de existir a parcela daqueles que não são afetados por eles. Desse modo, os cupons podem ser utilizados com o propósito de:

- inserir novos produtos no mercado;
- motivar a experimentação de produtos existentes;
- propiciar o aumento de vendas.

Ademais, essas formas de promoção são destinadas a atingir os consumidores com alta sensibilidade em se tratando de preço, além de ser um veículo para a comunicação e propaganda do produto. Assim, os clientes tendem a notar mais as marcas que distribuem cupons do que aquelas que não o fazem. Para tanto, há a possibilidade de os consumidores não conhecerem a marca antes de receber o cupom ou vale-desconto.

Além disso, eles são bastante utilizados para as promoções do varejo, auxiliando no aumento do fluxo de clientes nos PDVs. No varejo, anúncios de preços anteriores e posteriores ao desconto facilitam a promoção das vendas e a percepção de valor do produto.

Deduções e discriminação de preços

As deduções de preços são outro aspecto para incentivar as promoções e seus efeitos. Entre elas, podem ser citadas as concessões por avarias ou atraso nas entregas. Nesses casos, o registro de tais informações é difícil de ser realizado e, por conseguinte, sua análise. Outro conceito relevante é a discriminação de preços, por meio da qual as empresas podem beneficiar-se a partir da disposição de segmentos distintos para pagar pelos produtos, devido à elasticidade de preço.

Nessa situação, as organizações têm a capacidade de se apoderar do excedente do consumidor. Afinal, o lucro incremental oriundo da discriminação dos preços deve suplantar as despesas associadas à implantação de distintas políticas de valores. Entretanto, há implicações legais que envolvem tal prática, sendo esta proibida em determinados setores da economia.

Observação

Algumas condições permitem uma discriminação de preços rentável. A primeira é que deve haver elasticidades – propensão a pagar – distintas entre segmentos. A segunda é que não haja transferência de descontos entre segmentos.

Desse modo, podemos citar como critérios para a discriminação dos preços os seguintes itens:

- períodos (cobrança mais cara no valor do ingresso de cinema em um horário de pico);
- regiões (preços mais baixos para locais com menor poder aquisitivo);
- características legítimas (valores reduzidos para idosos e estudantes em determinados locais e eventos).

Os profissionais de marketing devem ainda analisar as regulamentações específicas para a discriminação de preços, uma vez que a maior parte dos países possui leis e regulamentações específicas para tal.

Queda de nível cascata

O preço em cascata é o conceito que descreve a trajetória dos preços anunciados – preços cheios – em relação aos que foram postos em prática para o consumidor final. Dessa maneira, cada diminuição no preço representa uma queda de nível da cascata. Assim, é possível avaliar se os descontos praticados pelos canais estão alinhados à estratégia do fabricante:

$$\text{Preço em cascata (\%)} = \frac{\text{Preço líquido unitário (\$)}}{\text{Preço cheio unitário (\$)}}$$

Os profissionais de marketing, a partir da análise do preço em cascata, ajudam a determinar se o valor percebido do produto está em descendência ou em ascendência. Tal fato é considerável quando há flexibilidade, possibilitando que os canais reduzam os preços para garantir as vendas.

Assim, o objetivo da medição do preço em cascata é entender o preço efetivo, pago pelo produto em comparação ao preço anunciado, evidenciando a dificuldade de determinar o preço justo a ser anunciado para um produto. Contudo, comumente há frequência na concessão de descontos, o que confere que esse preço não seja pago pelos consumidores. O preço líquido pode ter grandes reduções em relação ao preço cheio, as quais podem alcançar até 50%. A questão é que poucos consumidores usufruem de todos os descontos possíveis.

Vale ressaltar que os profissionais de marketing, a partir da análise do preço em cascata, devem considerar não apenas os descontos em questão, porém, juntamente, a proporção que representam nas vendas.

Nos diversos segmentos de negócio, o registro dos dados dos diferentes estágios do processo de vendas não é trivial, devido, em momentos distintos, aos diversos descontos que são concedidos. Além disso, nem todos os descontos são concedidos sobre os valores cheios; por vezes, são descontos sobre preços com descontos. É necessário, do mesmo modo, tomar o percentual de unidades vendidas em que cada desconto foi utilizado.

Como há variações na utilização dos descontos por parte dos consumidores, o preço líquido pode refletir uma amplitude grande de variação quando comparado ao preço cheio. Para fins de cálculo, o preço em cascata deve considerar uma lista com os preços pagos em cada estágio da cascata, determinando cada desconto concedido. A fim de estimar o preço de um produto com base em dados históricos e considerando a proporção do uso dos descontos concedidos – sua probabilidade de utilização –, o cálculo se dá pela seguinte equação:

$$\text{Preço líquido (\$)} = \text{Preço cheio (\$)} - (\text{desconto A (\$)} \times \text{probabilidade A}) - (\text{desconto B} \times \text{probabilidade B})$$

Habitualmente, as organizações concedem diversos descontos sobre os preços cheios, a fim de encorajar certos comportamentos por parte dos consumidores. Quando relacionados diretamente ao comércio, por exemplo, os descontos podem incentivar os distribuidores e revendedores a:

- realizar aquisição de grandes estoques;
- pagar à vista;
- adquirir produtos em períodos nos quais a demanda do cliente final é menor, por exemplo, por conta de questões de sazonalidade.

No longo prazo, os efeitos dos descontos são multiplicados. Tal fato ocorre porque os fabricantes se dispõem a aumentar os preços anunciados e conceder novos descontos, em vez de eliminar descontos com os quais seus compradores possam estar acostumados.

Descontos

Os descontos são um meio para promover os produtos da organização, a partir das diversas modalidades de concessão. Medimos seu uso, pela empresa, a partir da proporção de descontos ofertados em relação aos que realmente foram utilizados:

$$\text{Uso de descontos (\%)} = \frac{\text{Descontos utilizados (\%)}}{\text{Descontos ofertados (\%)}}$$

A utilização de descontos é uma medida relevante para os profissionais de marketing, que avaliam se a estratégia de distribuição foi efetiva. Alguns exemplos no uso da ação:

- uma loja de roupas pode firmar uma parceria com um emissor de cartões de crédito e, assim, enviar para os clientes do cartão um vale-desconto para seus produtos;
- antes da renovação de uma apólice, uma seguradora de veículos pode oferecer um desconto para os clientes que são bons pagadores.

No entanto, há três principais problemas envolvendo descontos:

- por ser difícil registrar os descontos para cada item vendido, descontos costumam ser contabilizados de forma agregada, dificultando um controle preciso por produtos;
- uma vez concedidos, os descontos tendem a permanecer, pois é difícil tomá-los dos clientes;
- por serem de difícil contabilização, muitos descontos não são levados em conta em futuras decisões gerenciais.

Uma maneira de apurar se o resultado de uma ação de desconto foi positiva ou negativa para a empresa em questão é fazê-lo por meio de abordagens similares à separação das vendas entre básicas e incrementais.

Outra métrica relevante refere-se ao percentual de vendas com desconto, traduzido pela proporção de vendas da empresa que decorrem de descontos temporários, isto é, promocionais. Determinados descontos não fazem parte do cálculo, como os constantes, tendo como exemplo as negociações que já são parte da política da empresa:

$$\text{Percentual de vendas com desconto} = \frac{\text{Vendas com desconto temporário}}{\text{Total de vendas}}$$

Já os descontos promocionais retratam, do total de receitas das vendas efetuadas, a parcela correspondente às que foram realizadas com descontos promocionais, conforme fórmula a seguir:

Descontos promocionais (\$) = Soma dos preços sem desconto das vendas feitas com descontos promocionais (\$) × percentual médio de desconto

O percentual médio de desconto do preço sem desconto se dá pela seguinte forma:

$$\text{Percentual médio de desconto do preço sem desconto} = \frac{\text{Desconto unitário (\$)}}{\text{Preço unitário sem desconto (\$)}}$$

Um conceito complementar à utilização de descontos é o custo por uso de descontos, representado pela fórmula a seguir:

Custo por uso de desconto (\$) = Valor do desconto (\$) + outros custos (\$)

Na equação, os outros custos refletem o rateio dos custos com distribuição e as despesas de impressão dos cupons e vales-desconto utilizados.

As formas utilizadas para evitar tais gastos são o uso de tecnologias, como e-mail, websites e redes sociais. Desse modo, são reduzidos os custos relacionados aos cupons de distribuição e eliminados os de impressão. Podemos citar ainda os serviços em parceria com outras empresas ou plataformas, como sites de compras coletivas e aplicativos de descontos.

Cabe ainda destacar: é necessário que a empresa que está ofertando o desconto registre todos os custos envolvidos, a fim de realizar os cálculos relacionados às ações promocionais desse tipo, tendo, assim, total conhecimento dos descontos distribuídos e das informações complementares.

Nos casos em que há terceiros que realizam a distribuição no processo de oferta é preciso apurar os custos adicionais relativos às tarifas remuneradas ao parceiro – sites e aplicativos especializados – denominadas tarifas de processamento de desconto.

Neste capítulo, apresentamos as questões relacionadas a P de preço. No próximo, abordaremos o P de praça.

7
P de praça

O conceito de praça envolve não somente a localização, mas também a distribuição, os canais e os intermediários, além da logística para que um produto esteja disponível em um mercado. Deve-se recordar do original em inglês, *placement*, que tem o sentido de localização, disposição física, disponibilização do produto. Este capítulo tem como objetivo apresentar a relação da praça com localização e distribuição, abordando tanto tais temas quanto as diferenças entre varejo, atacado e até *e-commerce*.

Importância dos canais, níveis de canais e seu gerenciamento

Canais de marketing são "conjuntos de organizações interdependentes envolvidas no processo de disponibilizar um produto ou serviço para uso ou consumo" (Kotler, 1998:466). Cada membro do canal agrega valor e custo. Decisões relativas a preço, força de vendas e propaganda dependem fortemente dos canais escolhidos.

Em se tratando do processo de comunicação sobre os produtos na cadeia de distribuição, cabe às empresas definir a estratégia a utilizar entre as existentes: *push* ou *pull*.

- *Push*. O fabricante se comunica com o intermediário, um atacadista, por exemplo, a fim de que este adquira seu produto. Do atacadista, nesse caso, a comunicação segue para o distribuidor, dele para o varejista e deste para o consumidor final (cliente). O produto, se for adquirido, segue o mesmo "trajeto" da comunicação apresentada, isto é, do fabricante ao consumidor.

- *Pull.* O fabricante se comunica com o cliente, a fim de que este tenha interesse no produto ofertado. Aí, o cliente se dirige ao intermediário (varejista, por exemplo) e solicita o produto; o varejista pede o produto ao distribuidor, que o pede ao atacadista, que o encomenda ao fabricante. Nesse caso, a comunicação segue o fluxo inverso ao da estratégia *push*, mas o produto, uma vez adquirido, segue do fabricante para o cliente.

É relevante notar que nem todos os *players* expostos na figura 13 estarão sempre presentes no processo apresentado.

Figura 13
Estratégias *push* e *pull*

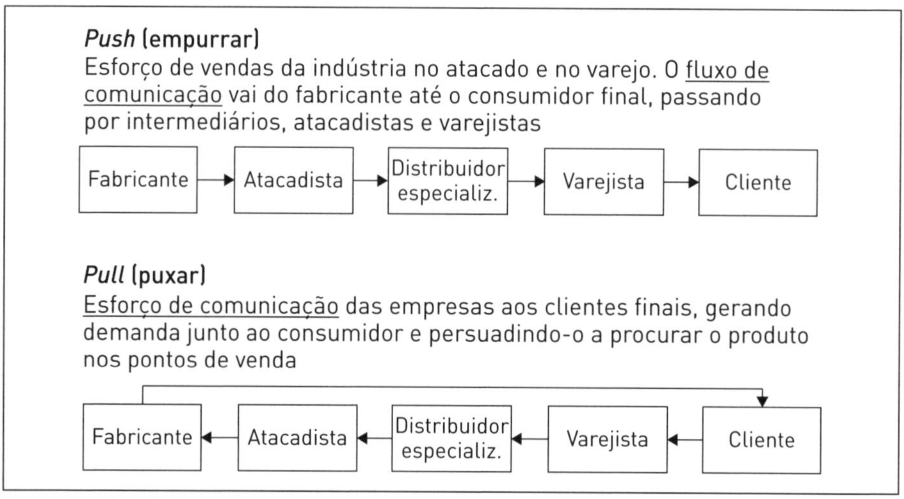

Fonte: Kotler (1998).

Desenvolvimento dos canais

Os canais são desenvolvidos com base no alcance da empresa e nas necessidades de seus clientes. Eles permitem investimento e foco maiores no negócio principal da empresa. Eventualmente, é viável terceirizar a distribuição e a entrega. Com um distribuidor, é possível aumentar a eficiência, reduzindo a quantidade de contatos (Kotler, 1998).

A importância de haver um intermediário é percebida na figura 14. Nela, observa-se a situação 1, em que cada um dos três fabricantes existentes deve entregar sua produção a cada um dos quatro clientes existentes. Neste caso, há um total de 3 × 4 = 12 contatos. Sem um intermediário (um distribuidor, por exemplo), os fabricantes se comunicam com todos os consumidores. Se houver um intermediário entre os fabricantes e os consumidores, haverá menos contatos. De 3 × 4 passamos a ter 3 + 4 = 7 contatos, ou seja, menos contatos e mais eficiência na distribuição (situação 2).

Figura 14

Situações com e sem intermediário

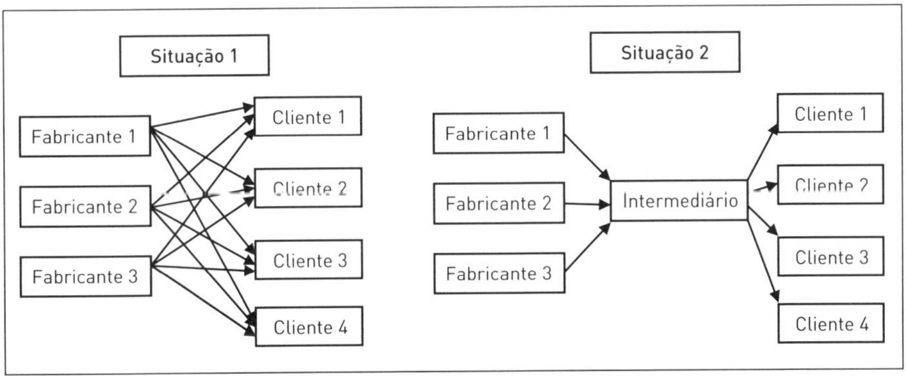

Fonte: Kotler e Keller (2012).

Os canais são desenvolvidos com base no alcance da empresa e nas necessidades dos seus clientes, e apresentam algumas funções bem definidas, entre as quais se destacam: obter dados dos clientes, concorrentes e demais forças atuantes no ambiente de negócios; fazer contatos com os fabricantes a fim de requisitar produtos; estocar e movimentar diversos produtos tangíveis; monitorar a entrega de algo, por exemplo, um produto que é transferido de uma empresa a um cliente; entre outras funções (Kotler e Keller, 2012).

Níveis de canal

Os níveis de canal se referem à quantidade de intermediários atuantes, seja para bens de consumo, seja para bens industriais.

No caso de bens de consumo, um canal de nível zero apresenta a entrega direta do produtor ao consumidor. Um canal de nível um teria um intermediário, por exemplo, um varejista, como um supermercado. Canais de nível dois apresentam dois intermediários (como um atacadista e um varejista), e assim por diante (figura 15), podendo haver quantos níveis forem convenientes.

Figura 15
Canais para bens de consumo

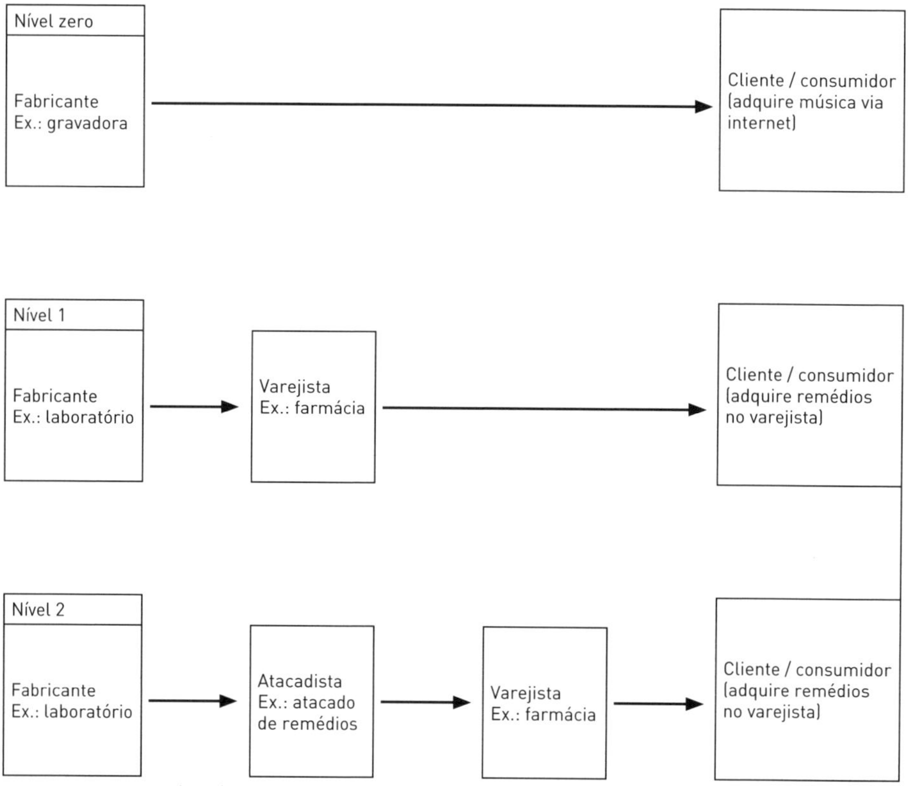

Fonte: Kotler e Keller (2012).

No caso de bens industriais, notam-se algumas diferenças. Não há o cliente final, uma vez que os intermediários não visam ao consumidor final, mas a empresas, fábricas e organizações, como se vê na figura 16.

Figura 16
Canais para bens industriais

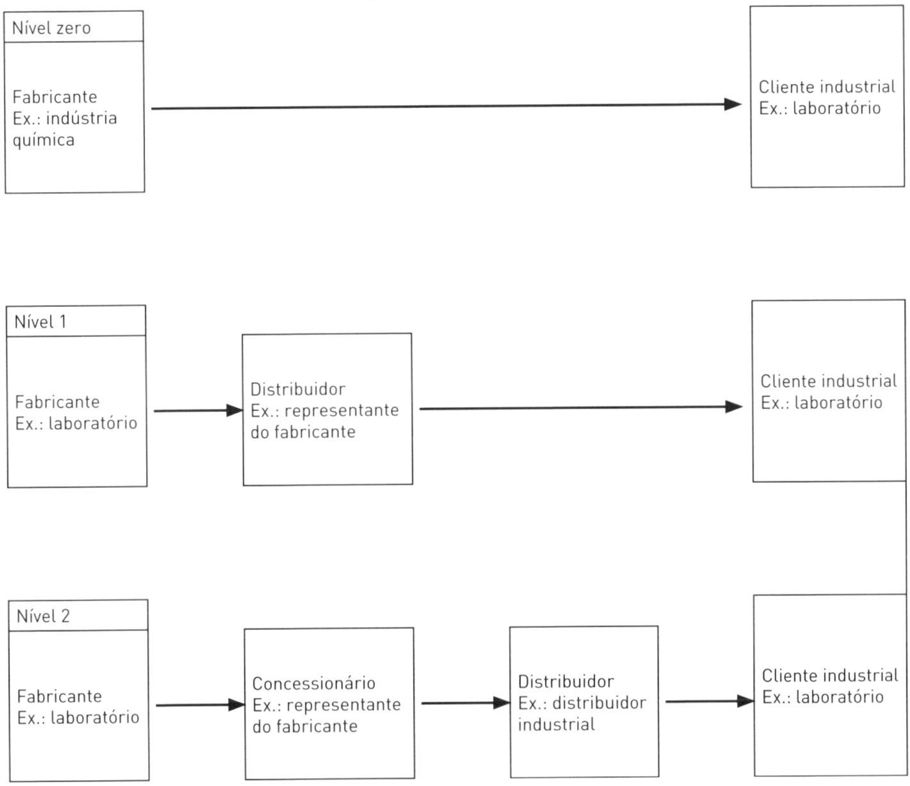

Estruturando canais

Para projetar um sistema de canais é preciso, antes de mais nada, analisar as necessidades do cliente. Isso deve incluir:

- *Tamanho do lote.* Quanto o cliente pode comprar.
- *Tempo de espera.* Tempo médio de espera para receber o produto.
- *Conveniência espacial.* Grau de facilidade para comprar o produto.
- *Variedade do produto.* Nível de variedade fornecido pelo canal.
- *Apoio de serviço.* Crédito, entrega, instalação, reparos etc.

Na sequência, devem-se estabelecer os objetivos do canal. Para que isto seja conseguido, é preciso considerar (1) os segmentos que se pretende atingir e (2) os melhores canais para cada caso. Além disso, devem também ser levadas em conta as características do produto e os pontos fortes e fracos de cada tipo de intermediário – como na decisão de usar um representante ou um vendedor terceirizado.

Ao avaliar as principais alternativas de canal, o estrategista deve ter em mente a quantidade de intermediários mais adequada e considerar que há distintos tipos, cada qual com suas peculiaridades. Os tipos de intermediários podem englobar força de vendas, revendedores, distribuidores representantes, mala direta, telemarketing, internet etc. Quanto à quantidade de intermediários, há três estratégias de distribuição baseadas no número deles (Kotler, 1998). São as seguintes:

- *Intensiva*. Compreende a disponibilização do produto no maior número de pontos de venda compatíveis com aquela oferta. Tal tipo de distribuição é comumente usado para bens de conveniência, como chiclete, água, jornais, sabonetes etc.
- *Seletiva*. Considera pontos de venda escolhidos segundo critérios de público-alvo, necessidade de conhecimento técnico do produto e compatibilidade com o posicionamento. É a estratégia de distribuição adequada a bens de compra comparada, como fogões, liquidificadores, micro-ondas etc.
- *Exclusiva*. É particularmente recomendada em situações de mercado em que o nível de serviços e o valor da marca são essenciais para o posicionamento do produto, percepção do consumidor e rentabilidade da marca. É a distribuição típica para bens de especialidade, como marcas de luxo, obras de arte etc.

Cumpre notar que quanto menos distribuidores houver, maior o controle sobre a distribuição. No caso da distribuição exclusiva, o controle seria o maior, e no caso da intensiva, o menor. Assim, ao tomar decisões relacionadas aos projetos de canais e itens a eles relacionados, é relevante focar nos seguintes tópicos:

- *Política de preços*. Observa o nível de preços praticado.
- *Condições de venda*. Englobam as condições de pagamento e garantia.
- *Direitos territoriais*. Refere-se aos limites geográficos de atuação.
- *Serviços e responsabilidades mútuos*. Referem-se a franquias ou pontos exclusivos.

Gerenciamento do canal

Depois que a empresa escolhe uma alternativa de canal, cada intermediário deve ser selecionado, treinado, motivado e avaliado. Contudo, com o tempo pode ser necessária uma modificação dos arranjos do canal. Na medida em que apresenta crescimento, por exemplo, é comum que a empresa considere uma expansão de canais para mercados internacionais (Kotler e Keller, 2012).

As empresas precisam selecionar com atenção os membros de cada um dos canais que utilizará. É relevante, também, que elas planejem o treinamento dos membros do canal, pois o treinamento fornece um desempenho superior e motiva os componentes, o que agrega valor a cada participante de toda a cadeia.

A motivação dos membros do canal pode ser implementada por meio de diferentes poderes:

- *Poder de recompensa.* Seu alicerce é a capacidade para fornecer um benefício adicional para resultados positivos. Pode envolver desde o recebimento de algo considerado positivo até a eliminação de algo negativo. Exemplos: elogios, promoções em dinheiro ou presentes, aumentos, viagens etc. Há gestores que influem no comportamento da força de vendas por meio da oferta de diversas recompensas, que servem como um estímulo adicional ao funcionário. O poder de recompensa não deve ser usado como uma forma de manipular o funcionário.
- *Poder coercitivo.* Esse poder explora o medo ou a aversão a algo. Para influenciar de alguma maneira o comportamento dos subordinados, certos gerentes recorrem a punições, como repreender o funcionário perante os colegas, indicá-lo para tarefas que sabe que irá detestar, fazer descontos na bonificação etc.
- *Poder legitimado.* É baseado em normas, valores e crenças no sentido de que certos indivíduos são percebidos como dotados de um direito legítimo de atuar de certa forma ou mesmo de influenciar outros indivíduos. Na infância, as pessoas aprendem a aceitar ordens de seus pais (figuras de poder), depois dos professores e, mais adiante, dos chefes, na vida profissional. É um poder relacionado à compreensão da hierarquia.
- *Poder de referência.* É o poder de influenciar alguém pela força do carisma ou afeição, ou mesmo por algum(ns) atributo(s) pessoal(is) que causa(m)

admiração nos demais. Empresas como Apple, Google e Microsoft têm alto poder de referência, assim como certos políticos e líderes religiosos.
- *Poder de especialista*. Um fabricante que detenha algum conhecimento valorizado pelos intermediários será mais valorizado. Mas essa base de poder perde força quando tal conhecimento é transmitido a eles. Quanto mais novas especialidades forem desenvolvidas pelo fabricante, mais os intermediários continuarão cooperando.

Os fabricantes devem avaliar, periodicamente, o desempenho dos intermediários. Isso pode ser feito com foco, por exemplo, em:

- cotas de vendas;
- níveis médios de estoque;
- tempo de entrega ao cliente;
- tratamento dado a produtos danificados.

É importante ter em mente que os fabricantes devem conseguir acordos pelos quais consigam pagar aquilo que seja adequado à performance de cada membro do canal pelo serviço contratado.

O fabricante deve reavaliar periodicamente e eventualmente modificar seus arranjos de canal, buscando conseguir oferecer um sistema de distribuição voltado às necessidades do cliente. Sendo necessário, empresas podem acrescer ou retirar canais específicos do mercado. Podem também, se for o caso, definir uma maneira nova de vender suas mercadorias.

Sistemas verticais, horizontais e híbridos de marketing e os canais reversos

Ao se comparar um canal convencional de marketing com um SVM, nota-se que no SVM há uma integração entre os componentes, conforme figura 17. O SVM é um conjunto formado pelo fabricante e um ou mais atacadistas e varejistas, todos atuando como um sistema unificado. Há a presença do capitão do canal, que é dono ou franqueador dos demais (ou tem um poder tão grande que todos cooperam com ele).

Figura 17

Canal convencional de marketing e sistema vertical de marketing

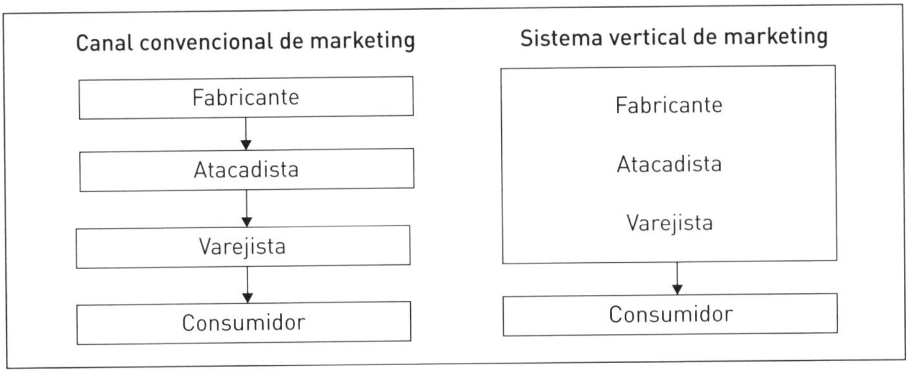

Fonte: Churchill Jr. e Peter (2000).

Criado com objetivo de reduzir os conflitos que podem surgir entre instituições que atuam de forma independente, o SVM consiste na atuação de fabricantes, atacadistas e varejistas em um sistema unificado. Um membro "controla" os outros, normalmente. Assim, em um SVM pode haver um domínio do fabricante, do atacadista ou do varejista.

Cumpre notar que o SVM é formado por instituições independentes, representadas por produtor, atacadista(s) e varejista(s). Um desses é dono dos demais e possui mais poder, o que faz com que todos cooperem, funcionando separadamente com o propósito de maximizar o lucro.

Um SVM pode ser de vários tipos (Kotler e Keller, 2012):

- *SVM corporativo*. Engloba estágios sucessivos de produção e de distribuição sob controle de um único proprietário. Além disso, é utilizado por empresas que desejam um elevado controle sobre seus canais. Por exemplo, a Sherwin-Williams produz tinta e também opera 2 mil lojas de varejo de sua propriedade.
- *SVM administrado*. Coordena sucessivos estágios de produção e de distribuição em função do tamanho e do poder de um dos membros. O fabricante de uma marca dominante pode contar com a garantia de cooperação comercial e com o apoio dos revendedores. Assim, a Gillete, a Procter & Gamble e a Kraft conseguem alcançar um alto nível de cooperação de seus revendedores em termos de exposições, espaço nas prateleiras, promoções etc.

- *SVM contratual.* Empresas independentes, atuantes em diferentes níveis de produção e distribuição, que integram seus programas por meio de contratos, para que, assim, obtenham mais economia ou impacto nas vendas do que conseguiriam por si sós. Podem ser de três tipos:
  - redes voluntárias patrocinadas pelo atacadista – o atacadista organiza redes de varejistas independentes para ajudá-lo a gerar práticas que permitam padronizar suas vendas e obter economias de compra, dessa forma competindo eficazmente com organizações de grande porte;
  - cooperativas de varejistas – os próprios varejistas se organizam a fim de criar uma nova entidade de negócios que execute as funções de atacado (e eventualmente de fabricação também), concentrando as compras por meio da cooperativa e planejando a divulgação conjunta, além de retornar os ganhos alcançados na proporção de suas compras; no caso, outros varejistas, que não são membros, podem também realizar suas compras nesse meio, mas sem partilhar os lucros;
  - organizações de franquia – o membro do canal franqueador pode atrelar diversos estágios sucessivos aos processos de produção e de distribuição; há destaque para o sistema de franquias por ter sido um dos tipos de varejo que mais apresentou crescimento nos últimos anos, tendo crescido bastante também no Brasil.

Esses modelos estão sintetizados esquematicamente na figura 18.

Figura 18

Tipos de sistemas verticais de marketing

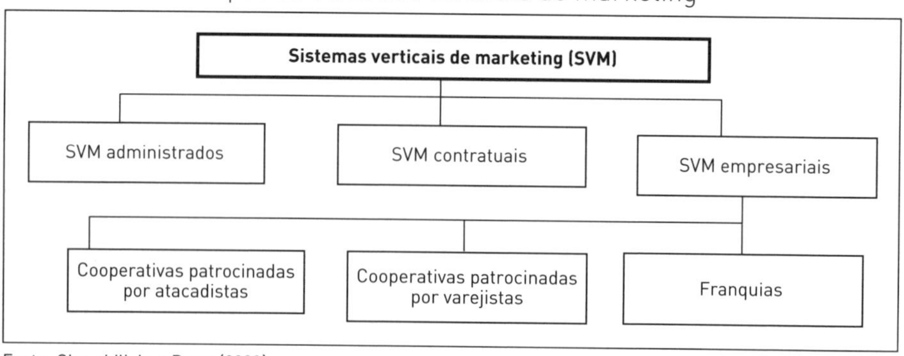

Fonte: Churchill Jr. e Peter (2000).

Nos sistemas horizontais de marketing (SHM), duas ou mais instituições não relacionadas "unem recursos para explorar uma nova oportunidade de marketing" (Kotler e Keller, 2012:465). O SHM é formado por alianças estratégicas (provisórias ou permanentes) entre diversas empresas que trabalham em um mesmo setor e no mesmo nível. Exemplos de SHM são acordos entre cadeias de supermercados e bancos, ou operadoras de telefonia móvel, para oferecer serviços bancários (em caixas eletrônicos) ou de telefonia móvel em suas lojas.

Para além dos sistemas tradicionais apresentados, nota-se também o sistema híbrido de marketing (Churchill Jr. e Peter, 2000). Trata-se de um sistema multicanal de distribuição em que a empresa (fabricante) estabelece dois ou mais canais de marketing para atingir um ou vários segmentos distintos de clientes. Um exemplo é a conhecida marca de roupas Hering, que oferece seus produtos por meio de lojas multimarcas, lojas próprias e franquias. Em cada caso, o uso de canais é diferenciado. Na figura 19, observa-se graficamente um sistema híbrido de marketing, em que um mesmo fabricante fornece a diferentes segmentos de consumidores o que fabrica, por diferentes canais para cada um.

Figura 19
Sistema híbrido de marketing

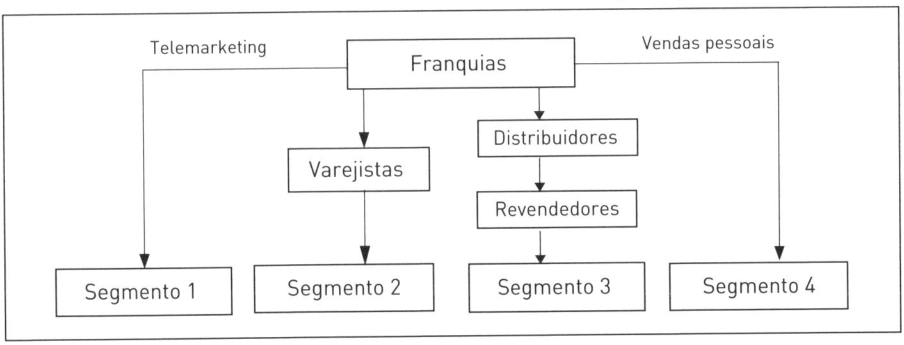

Fonte: Churchill Jr. e Peter (2000).

Por fim, cabe destacar ainda o papel dos canais reversos (Boone e Kurtz, 1999; Ferrell e Hartline, 2005). Seu uso é percebido em ocasiões em que, em vez de o fluxo característico dos bens ser no sentido da produção para o consumo, o deslocamento ocorre do consumidor ou usuário final para o produtor. Um exemplo seria a correspondência que um carteiro tenta entregar, mas o destinatário mudou de endereço. Neste caso, a correspondência deve retornar à sua origem (à sede dos Correios, por exemplo).

Alguns exemplos de canais reversos observados no cotidiano são o *recall* de produtos defeituosos, que retornam ao fabricante para conserto e devolução ao cliente, bem como os produtos recicláveis, que retornam ao produtor para a fabricação de novos produtos (ex.: pneus, latas de refrigerante e de cerveja).

Cooperação e conflitos em canais

A *coordenação do canal* é o que se observa quando os membros atuam de modo conjunto, visando alcançar os objetivos individuais que eram potencialmente incompatíveis. Um *conflito de canal* é aquele observado em situações nas quais as ações de certo membro do canal impedem que outro canal atinja seu objetivo (Kotler e Keller, 2012). As causas do conflito de canal podem ser incompatibilidade de metas, direitos e papéis pouco claros e diferenças de percepção. Os conflitos de canal podem ser os seguintes:

- *Conflito vertical de canal.* Ocorre entre empresas de diferentes níveis de um mesmo canal.
- *Conflito horizontal de canal.* Ocorre entre empresas em um mesmo nível do canal.
- *Conflito multicanal.* Ocorre quando o fabricante define diversos canais que vendem para o mesmo mercado; no caso do conflito multicanal, diferentes canais competem entre si pelos mesmos consumidores.

Muitas podem ser as causas dos conflitos de canal, tais como (Kotler e Keller, 2012):

- *Incompatibilidade de objetivos.* O fabricante pode ter a intenção de atingir rápida penetração no mercado com preços baixos, enquanto os revendedores podem preferir trabalhar com margens de lucros maiores no curto prazo.
- *Papéis e direitos pouco claros.*
- *Diferenças de percepção.* O fabricante pode estar otimista com a tendência das vendas e assim decidir impor um estoque maior, mas o revendedor pode não concordar, gerando conflito no canal.
- *Dependência de intermediários.*

O gerenciamento do conflito pode envolver diversas medidas. Não se deve apenas buscar a eliminação do conflito, mas sim lidar com ele. Há formas de gerenciar os conflitos, sendo algumas das principais as seguintes:

- *Comunicação e alinhamento de objetivos.* Serve para um ajuste entre as ideias que não estão em conformidade.
- *Troca de pessoas.* Executivos de uma empresa passam a trabalhar em seus distribuidores.
- *Cooptação.* Distribuidores podem começar a trabalhar no fabricante.
- *Associações.* Buscam uma agregação de interesses.
- *Diplomacia.* Visa a que grupos se encontrem e discutam as questões necessárias, bem como as soluções consideradas adequadas.
- *Mediação.* Um mediador neutro é selecionado a fim de ajudar a conciliar os interesses das partes envolvidas.
- *Arbitragem.* Um mediador neutro é escolhido para solucionar o conflito, do modo que melhor lhe parecer.

A partir do conteúdo exposto sobre canais, é possível detalhar formatos conhecidos para que o consumidor seja abordado pelas empresas. Os formatos mais conhecidos são o varejo e o atacado, detalhados na próxima seção.

Formatos para atingir o consumidor: varejo e atacado

Varejo e atacado são duas modalidades distintas de comercialização de produtos, apresentando características e públicos-alvo próprios. Em linhas gerais, enquanto o varejo vende diretamente a um grande número de clientes finais que consomem em pequenas quantidades, o atacado fornece grande quantidade de produtos para menos compradores que, geralmente os compram para revenda. Assim, cabe ao gestor de marketing compreender essas especificidades para traçar seu plano de ações.

Varejo

O varejo inclui todas as atividades relativas à venda de produtos ou serviços diretamente ao consumidor final, para uso pessoal e não comercial (Kotler e

Keller, 2012). Assim, qualquer loja ou estabelecimento comercial que se dedique a vender para os consumidores finais estará realizando uma atividade varejista. Ao contrário das empresas que vendem para outras empresas (formato B2B), as empresas varejistas, por definição, fornecem bens e serviços aos consumidores finais, no modelo conhecido como B2C (ambos abordados na seção "Marketing de relacionamento", do capítulo 3.

Os níveis de serviço no varejo são divididos em (Parente, 2000; Kotler e Keller, 2012):

- *Autosserviço.* É o tipo de varejo em que os clientes se dispõem a, sozinhos, procurar, comparar e selecionar produtos, o que, em geral, ajuda a economizar dinheiro.
- *Autosseleção.* Os próprios clientes encontram os produtos que têm a intenção de adquirir, embora tenham de solicitar a alguém no estabelecimento. Por exemplo, um restaurante de comida a quilo é um autosserviço, no qual o cliente escolhe a comida, serve-se e depois realiza o pagamento; já no modelo *à la carte*, o consumidor seleciona o que deseja e o restante fica a cargo do garçom, caracterizando a autosseleção – no caso, o cliente tem alguém que o serve.
- *Serviço limitado.* Um grande número de mercadorias à venda fica exposto, e os clientes precisam de mais informações e ajuda, apesar de já terem encontrado os produtos.
- *Serviço completo.* Há auxílio durante todas as fases do processo de compra. Os clientes que gostam de ser atendidos pessoalmente preferem lojas que forneçam esse tipo de serviço. O alto custo de pessoal e o maior número de produtos especializados e itens de menor movimentação acarretam um varejo de alto custo.

As decisões a serem tomadas no marketing de varejo englobam os seguintes tópicos (Parente, 2000; Kotler e Keller, 2012):

- *Mercado-alvo.* Todas as decisões a se tomar irão depender do segmento-alvo do varejista. Até definir o mercado-alvo de atuação e analisar sua adequação, o varejista não terá como decidir a respeito do sortimento de produtos, da decoração do estabelecimento, da propaganda e tudo o mais que deseje oferecer ou que exerça impacto na atração dos clientes. Hoje, os varejistas segmentam o mercado em grupos cada vez mais específicos ou sofisticados, oferecendo novas linhas de produtos para disponibilizar um conjunto de ofertas mais relevantes e explorar, também, nichos definidos de mercado. Um exemplo são as lojas de roupa que oferecem tamanhos a partir do 44 (ou seja, extragrandes).

- *Sortimento de produtos*: conhecido como "profundidade" no varejo. Deve estar de acordo com a expectativa de compra do mercado-alvo atendido. O sortimento, no varejo, costuma se referir às alternativas de uma linha de produto que fazem parte das opções disponíveis aos consumidores. Exemplos seriam os diferentes tamanhos, marcas, sabores, cores etc. Algumas estratégias de sortimento possíveis são: (1) marcas exclusivas; (2) marcas próprias; (3) produtos especiais; (4) personalização de produtos.
- *Suprimento de produtos*. Após decidir quanto à estratégia de sortimento de produtos a ser seguida, o varejista deve definir as fontes de suprimentos e os critérios e práticas de compras, isto é, identificar quem compra e que tipo de produto pode comprar. É importante, no caso, estimar adequadamente a demanda. Um exemplo varejista: as redes supermercadistas se aproveitam das informações obtidas por intermédio das leitoras de códigos de barras (as chamadas "etiquetas inteligentes") para estimar o consumo de cada produto e administrar seu mix para cada loja. É possível ainda rastrear as mercadorias oferecidas, em tempo real, acompanhando-as desde o momento em que deixam as fábricas até aquele em que chegam aos supermercados e aos carrinhos de compras.
- *Serviços e ambiente de loja*. É importante definir o mix de serviços oferecido aos clientes, entre os quais existem:
  - serviços de pré-compra, que envolvem aceitação de pedidos por internet e telefone, decoração da loja e suas vitrines, provadores, horários de funcionamento, os eventuais desfiles de moda etc.;
  - serviços de pós-compra, que englobam despacho e entrega, embalagens para presente, ajustes e devoluções, alterações e serviços de alfaiate, instalações etc.;
  - serviços auxiliares, que se referem a informações, caixas eletrônicos, estacionamento, decoração de interiores, crédito, banheiros, lanchonete e fraldário, entre outros.
- *Atividades e experiências na loja*. O crescimento do comércio eletrônico obrigou, de certa forma, os varejistas tradicionais a reagir. Além das

conhecidas vantagens naturais – como produtos que os clientes podem de fato ver, tocar e experimentar, atendimento personalizado ao cliente e entrega imediata para certas compras –, as lojas passaram a oferecer a experiência de compra como um diferencial intenso.

- *Preço.* No varejo, os preços devem ser definidos em relação ao mercado--alvo, ao composto (linhas) de produtos e serviços, ao sortimento e à concorrência. Assim, duas estratégias são mais comuns: alta margem de lucro e baixo volume, usada em varejos mais sofisticados; ou baixa margem de lucro e alto volume, usada em varejos mais populares.
- *Comunicação.* Normalmente, varejistas utilizam variadas ferramentas de comunicação para elevar tanto o tráfego quanto as compras nas lojas. Em termos gerais, qualquer varejista deve dispor de ferramentas de comunicação que reforcem e revigorem seu posicionamento. Assim, serão facilitados a divulgação de sua marca e os conceitos relacionados ao varejista, sua imagem e sua atuação. Algumas das ferramentas tradicionalmente utilizadas no varejo são: anúncios, liquidações, cupons de descontos, programas de fidelidade, amostras grátis e outras.
- *Localização.* No varejo, localização é fundamental. Algumas opções de localização são os centros comerciais, *shopping centers*, galerias no interior de outros espaços, como em aeroportos, rodoviárias etc. A fim de avaliar a eficiência comercial de um estabelecimento varejista com base em sua localização, podem-se examinar quatro indicadores: (1) o número de pessoas que passam pelo local em um dia normal; (2) a porcentagem dessas pessoas que entram na loja; (3) a porcentagem dessas pessoas que entram e fazem compras; (4) a quantia média gasta por compra.

A seguir, trataremos questões relativas às atividades de atacado.

Atacado

As atividades de atacado são aquelas relacionadas com a venda de bens ou serviços para instituições que os adquirem para revenda ou uso comercial (Parente, 2000; Kotler e Keller, 2012). Os atacadistas têm como papéis:

- *Vendas e promoção.* Força de vendas para atingir clientes.

- *Formação de sortimentos*. Disponibilizar o mix de produtos necessário para o cliente.
- *Quebra de lote de compra*. Adquirir lotes grandes e revender lotes menores.
- *Armazenagem*. Reduz o custo de estocagem do cliente.
- *Transporte*. Entrega mais rápida que a compra da fábrica.
- *Financiamento*. Possibilidade de conceder financiamento aos clientes.
- *Administração de riscos*. Os atacadistas concentram parte do risco ao assumir a posse dos produtos e arcar com os custos de contingências (como roubo, danos, obsolescência etc.).
- *Informações de mercado*. Repassar informações a fornecedores e a clientes.
- *Serviços de gerenciamento e consultoria*. Podem ajudar clientes a melhorar seu varejo.

Segundo Kotler e Keller (2012), podem ser definidos seis tipos de atacadistas:

- *Atacadistas comerciais*. São conhecidos comumente como distribuidores ou estabelecimentos intermediários, os quais adquirem a mercadoria e a revendem, sobretudo para varejistas. Podem trabalhar com diversas linhas de produto ou apenas com poucas. Cabe destacar que atacadistas industriais vendem a fabricantes, não a varejistas.
- *Atacadistas de serviço completo*. Além da venda da mercadoria, mantêm estoques e força de vendas, fazem entregas, oferecem crédito e assistência gerencial a clientes.
- *Atacadistas de serviço limitado*. Dispõem de uma linha limitada de itens de grande giro e vendem à vista para pequenos varejistas.
- *Corretores e agentes*. Facilitam o processo de compra e venda e, desse modo, recebem uma comissão sobre o preço final. Podem se especializar conforme a linha de produtos ou o tipo de cliente.
- *Filiais e escritórios de fabricantes e varejistas*. Não há intermediação de atacadistas. Filiais e escritórios podem realizar as operações no atacado entre fabricantes/varejistas e compradores. Assim, acabam se estabelecendo em grandes centros mercantis.
- *Atacadistas especializados*. Focam em determinada atividade, como por exemplo cooperativas agrícolas das quais compram a produção dos agricultores, ou em depósitos e terminais de petróleo, que reúnem a produção de petróleo de muitos poços.

As decisões de marketing tipicamente relacionadas à atuação dos atacadistas englobam (Kotler e Keller, 2012):

- *Mercado-alvo*. Os critérios para a definição do mercado-alvo dos atacadistas são referentes:
    - ao tipo de cliente (ex.: lojas de conveniência);
    - ao porte do cliente (ex.: pequenos varejistas);
    - à necessidade de serviço (ex.: facilidade de crédito).
- *Sortimento de produtos e serviços*. O atacadista deve encontrar um mix de serviços que seja valorizado pela clientela, buscando estabelecer a lealdade do cliente. Cabe a ele, também, definir quais serviços devem ser descartados.
- *Preço*. Para obter descontos, as negociações cada vez mais intensas com os fornecedores são indispensáveis. Note-se que as margens de lucro em geral são reduzidas, dado o alto volume de vendas.
- *Promoção*. Os objetivos promocionais, no atacado, dependem, principalmente, da força de vendas para serem alcançados, uma vez que os membros desta são responsáveis pelas negociações com compradores e pela apresentação de produtos, o que pode levar a transações bem-sucedidas.
- *Localização*. O ponto de venda, no caso do atacado, não é tão importante quanto no varejo. Os atacadistas precisam de áreas físicas maiores para acomodar os estoques, dado que vendem grandes quantidades a preços unitários mais em conta; logo, revendedores irão alcançá-los, mesmo que estes se situem a uma distância considerável. Por exemplo, para comprar 10 mil detergentes por R$ 1,10 cada a fim de revendê-los de forma unitária por R$ 3,00, o comprador estará disposto a percorrer certa distância em razão do valor. Entretanto, um consumidor final não se deslocará por quilômetros apenas para poupar R$ 1,90 na compra de um único detergente.

Logística de mercado

A logística de mercado envolve planejamento, implementação e controle dos fluxos físicos de materiais, produtos finais e informações pertinentes a partir das atividades de movimentação e armazenagem. Envolve desde os pontos de origem até os pontos de consumo, a fim de atender às exigências do consumidor, com níveis de serviço adequados a um custo razoável e obter resultado positivo (Kotler, 1998).

A logística trata de todas as atividades de movimentação e armazenagem que facilitam o fluxo de produtos desde o ponto de aquisição da matéria-prima até o ponto de consumo final, assim como dos fluxos de informação que colocam os produtos em movimento com o propósito de providenciar níveis de serviço adequados aos clientes a um custo razoável. Dessa forma, a logística passou a ser de extrema relevância para as empresas, pois:

- o atendimento conveniente ao consumidor, a fim de deixá-lo satisfeito, se tornou basilar para o planejamento da empresa;
- a logística de armazenagem teve de ser aprimorada em tempos recentes, dada a crescente variedade de produtos;
- o desenvolvimento da tecnologia da informação (TI) gerou oportunidades para ganhos consideráveis por meio de uma distribuição eficiente.

As principais decisões de logística são derivadas das respostas às seguintes questões:

- Como os pedidos devem ser manipulados? Refere-se ao processamento do pedido.
- Onde devem se localizar os estoques? Refere-se à armazenagem.
- Que nível de estoque deve ser mantido? Refere-se à estocagem.
- Como os produtos devem ser despachados? Refere-se ao transporte.

Ainda que varejistas e atacadistas normalmente não se preocupem com a fabricação dos produtos ofertados, uma vez que estes são produzidos por empresas com reconhecimento no mercado, não é incomum oferecerem – em particular ao varejo – produtos que eles próprios fabricam. São as chamadas marcas próprias.

Marcas próprias

As marcas próprias são aquelas desenvolvidas pelos varejistas ou atacadistas (Dunne e Lusch, 1999; Rudolph e Kamlot, 2019). São mais lucrativas e diferenciam a empresa da concorrência, além de permitirem uma potencial fidelização (Parente, 2000).

Deve-se ter em mente que as marcas próprias não necessariamente precisam ter o mesmo nome da empresa (Parente, 2000). Por exemplo, há o café Carrefour, marca própria de café do supermercado, mas também existe a marca Taeq, do Grupo Pão de Açúcar. O consumidor provavelmente irá provar o café se confiar na marca. Além disso, se um cliente decidir comprar o café mencionado, só o encontrará nas lojas Carrefour, o que ressalta a lealdade ao produto.

Empresas virtuais e os novos formatos de distribuição

Em tempos recentes, novos formatos de fornecimento de produtos aos consumidores passaram a ser mais utilizados e difundidos. O omnicanal (ou *omnichannel*, em inglês) se refere a uma perspectiva focada na crescente demanda do cliente, tanto na compra física quanto na online (Rudolph e Kamlot, 2019), e pode ser entendido como uma integração entre todos os canais de contato com o consumidor, de modo que o cliente que começou a se comunicar ou a transacionar com a empresa por meio de certo canal tenha a possibilidade de continuar essa comunicação ou transação por outro. Por exemplo, um cliente pode ir até uma loja e fazer a solicitação de compra de um produto. Na sequência, ele viaja para outro país, mas continua a negociar as condições da venda ou da entrega por meio de seu smartphone.

Em uma gestão de canais omnicanal bem-sucedida, os gestores tentam coordenar a experiência e as vendas nas lojas físicas com as vendas online por meio de computadores, tablets e smartphones.

O *e-commerce* é outra ferramenta bastante útil no que se refere à distribuição. Ele se caracteriza por utilizar um domínio online para transacionar bens e serviços. Por meio da internet, os varejistas competem nos seguintes aspectos (Miranda e Arruda, 2004):

- interação do cliente com o site;
- entrega;
- capacidade de resolver problemas quando estes ocorrem.

Tal formato se divide em dois segmentos, já apresentados: B2B (*business to business* ou de empresa para empresa) e B2C (*business to consumer* ou da empresa ao consumidor, como ocorre no varejo).

Em se tratando das atividades comerciais, as empresas podem ser totalmente virtuais (as quais já iniciaram seus negócios em plataformas na internet ao invés de lojas físicas) ou empresas virtuais e reais (aquelas que começaram, em geral, com estabelecimentos tradicionais e depois ofertaram seus serviços/produtos também em ambiente online).

A título de exemplo, podemos citar Google e Wikipédia como empresas totalmente virtuais. Comumente são organizações que englobam sites de busca, provedores de internet, sites comerciais e plataformas de conteúdo. Por outro lado, temos como empresas virtuais e reais: Americanas.com, Casas Bahia e outras que possuem lojas físicas e ambientes online.

O crescimento da utilização da rede (web) foi expressivo nos últimos anos (Rudolph e Kamlot, 2019), afetando nosso cotidiano, além de relações de trabalho e, inclusive, as pessoais. O que se percebe é a disseminação de termos como *e-commerce*, internet móvel, conteúdo gerado pelo usuário, personalização e customização. Três fatores contribuem para isso: (1) expansão das mídias sociais; (2) fragmentação do mercado e da mídia; (3) transferência de poder das empresas para os indivíduos (Rodrigues, Joia e Oliveira, 2004; Kotler e Keller, 2012).

Na mídia tradicional, o consumidor recebia as informações por meio de TV, rádio etc., enquanto nas mídias sociais o usuário gera conteúdo direto na rede, sem haver uma centralização, ou seja, todos podem colaborar na criação e desenvolvimento de conteúdos os mais variados. Desse modo, a internet permite a interação e individualização do contato entre empresas e clientes, o que é raro em se tratando de mídias tradicionais. Assim, a customização de produtos e anúncios é promovida, bem como sua contextualização.

Métricas de praça

Os territórios de vendas podem ser definidos com base em áreas geográficas, potencial de vendas e histórico de vendas. No entanto, é mais comum uma combinação desses fatores devido à necessidade de manter um equilíbrio entre os diversos territórios atendidos. Se os territórios forem muito distintos em termos de tamanho ou potencial, a carga de trabalho do pessoal de vendas pode ficar desequilibrada. Assim, ao atuar em territórios ou segmento de clientes específicos, as empresas procuram:

- equilibrar a carga de trabalho;
- equilibrar potenciais de venda;
- desenvolver os territórios ou o segmento de clientes;
- minimizar desperdícios no atendimento.

Além disso, quando mencionamos o conceito de praça, estamos lidando com os canais de distribuição e, por conseguinte, com a logística do processo. É necessário ter a definição de onde seu público-alvo vai buscar seus produtos ou serviços. Será por meio dos pontos de venda (PDVs) ou de estabelecimentos online?

Desse modo, ao responder a perguntas desse gênero, é possível decidir os canais de distribuição mais efetivos para o acesso aos clientes. Afinal, eles só conseguirão obter a oferta do produto a partir do fornecimento deste. Para ter um embasamento ao dar as respostas, serão apresentadas métricas utilizadas para essa definição.

Esses indicadores permitem a apuração e a comparação do tempo necessário para alcançar os clientes ou potenciais clientes. A estimativa do tamanho de um território envolve não só o cálculo geográfico de sua área mas também os aspectos logísticos, que são muito importantes, como:

- a qualidade das vias de transporte;
- a densidade de tráfego;
- as distâncias entre endereços.

Os registros sistemáticos dos tempos de deslocamento necessários para que os produtos cheguem até os pontos em que serão vendidos são essenciais para a realização de projeções de vendas e do retorno financeiro, bem como o é a mensuração dos custos incorridos. Para que tais medidas sejam mais precisas, o investimento em sistemas de informação para lidar com tais questões se faz premente.

A atualização dos dados geográficos, demográficos e logísticos dos territórios nos quais a organização atua é um processo complexo. Essa tarefa deve ser realizada com a finalidade de compreender a disponibilidade do pessoal de vendas, bem como para a manutenção da política de relacionamento com clientes.

Dessa forma, a análise da força de vendas combinada com aspectos logísticos é útil para comparar os territórios nos quais a empresa atua. O objetivo da gestão é equilibrar a carga de trabalho e o potencial de vendas entre os membros da área comercial. O potencial de vendas pode ser representado de diversas formas. Uma delas é com base em população, o que determina o número de contas potenciais em uma região.

O potencial de vendas em um território é determinado pela capacidade de consumo dessa região. Além disso, os indicadores associados e essa medida costumam ser específicos para cada ramo de atividade:

$$\text{Potencial de vendas (\$)} = \text{Número de contas possíveis} \times \text{potencial de consumo (\$)}$$

O potencial de consumo é um valor monetário estimado com base em fatores como:

- renda média;
- número de transações realizadas em determinado território;
- venda média para esses negócios;
- dados demográficos.

No quesito de relação entre as partes, os fabricantes oferecem percentuais de repasse de desconto a distribuidores e varejistas. Esses percentuais representam a fatia de descontos que chega ao consumidor final. Além disso, as empresas esperam que, com os diversos descontos concedidos ao comércio, os revendedores também se sintam encorajados a ofertar promoções aos clientes.

As métricas serão utilizadas para aferir se as promoções aos intermediários estão gerando descontos aos consumidores finais. Desse modo, ficará evidente nos resultados de vendas se os clientes finais não considerarem as promoções atraentes, assim como baixos repasses ao consumidor por parte dos revendedores, o que pode indicar que as estratégias adotadas pela empresa não estão sendo adequadamente seguidas.

No entanto, as organizações devem considerar as margens dos canais da cadeia até o consumidor final. Por exemplo, uma fabricante de alimentos pode vender seu produto a uma exportadora, que revende a uma importadora, que revende a um distribuidor local, que revende a um varejo.

A empresa pode não considerar as estratégias de preço da cadeia de intermediários envolvida, o que terá como consequência um preço final do produto maior que o esperado. O fenômeno de aplicações de margens sequenciais é denominado "margens múltiplas". Dessa maneira, é relevante estabelecer uma estratégia de descontos, a partir do fluxo de repasses estabelecido na cadeia, a fim de estimular a concessão de benefícios aos consumidores, para viabilizar a compra.

Exemplo

Um fabricante de produtos alimentícios notou que havia períodos em que as compras de seus produtos por parte de revendedores e varejistas diminuía. Isso lhe gerava dificuldades para planejar e gerir a produção, o que acarretava custos indesejáveis. Nesses períodos, os consumidores finais tinham dificuldades para encontrar os produtos nas prateleiras dos varejistas.

Os profissionais de marketing descobriram que, nesses períodos, seus principais concorrentes faziam promoções. Eram dados descontos aos varejistas e distribuidores, que preferiam comprar produtos com descontos. Além disso, a empresa percebeu que ações de seus concorrentes, como investimentos em comunicação e distribuição de cupons de desconto ao consumidor final ou mesmo aos intermediários, faziam a demanda pelos produtos dos concorrentes aumentar em detrimento da demanda da marca.

A equipe de marketing da marca passou a planejar uma série de ações promocionais dos seus produtos, como:

- descontos a diversos canais;
- investimento em comunicação;
- construção de mostruários especiais nos varejistas;
- distribuição de vales-desconto.

A equipe não sabia, no entanto, se essas ações surtiriam efeito. Os revendedores e varejistas repassariam os descontos ao consumidor final? As ações promocionais aumentariam as vendas? Em quanto? As ações promocionais poderiam gerar alguma dependência para as vendas futuras da empresa? Em caso positivo, em quanto? Haveria impactos na rentabilidade? Esse problema pode ser solucionado utilizando métricas de promoção.

Além disso, os fabricantes devem monitorar se os descontos que estão sendo concedidos, de fato, são repassados. Um alerta para checar tal situação é o fato de as margens dos seus revendedores serem muito altas.

Os intermediários podem traçar como estratégia a otimização dos resultados de uma linha de produto em detrimento de maximizar os lucros de um produto específico. Quanto mais estoque de linhas concorrentes os revendedores mantiverem, mais difícil será atender às expectativas dos fabricantes. Assim, como uma maneira de mitigar esse efeito, a empresa pode adotar estratégias de descontos baseados no desempenho dos seus produtos nos varejistas ou firmar contratos de exclusividade.

Os revendedores podem adaptar suas compras e vendas para obter o máximo de vantagem dos descontos ofertados pelos fabricantes. Por exemplo, compram maior quantidade do que conseguirão vender ou do que pretendem, para obter descontos baseados em escalas. O excedente será vendido para os demais revendedores e varejistas, estocado para a posteridade ou, até mesmo, devolvido para o fabricante em troca de crédito para compras futuras.

Há casos em que *players* muito poderosos podem impor estratégias de preço a toda a cadeia. O mais corrente é que os descontos promocionais funcionem como incentivos para os elos restantes da cadeia, e não como imposições, havendo liberdade para que os canais desenvolvam suas próprias estratégias. Há setores e países em que é ilegal o fornecedor impor o preço de venda a ser praticado pelos revendedores, exigindo métodos indiretos para que os preços sejam influenciados.

Neste capítulo, tratamos de questões relacionadas a P de praça. No próximo capítulo, abordaremos P de promoção.

8
P de promoção

A semana foi dura com muito trabalho e/ou estudos de marketing ao longo de todos os dias. Você se propõe aproveitar um merecido descanso e resolve ir ao *shopping center* onde, de repente, se depara com uma vitrine estampando em letras garrafais: "PROMOÇÃO!". Sim! É sobre isso que falaremos neste capítulo! Não só sobre isso, na verdade. Em marketing, promoção é a forma pela qual uma empresa divulga seu produto para seu mercado potencial. Ou seja, envolve todas as ações e estratégias relacionadas à divulgação e à comunicação do produto para o público-alvo, visando persuadir, informar e, se possível, criar apaixonados pela marca. Onde seu público está? É mais fácil se comunicar por ele via celular? Rádio? TV? Ou enviando e-mails? Como seus concorrentes fazem as próprias promoções? Essas são algumas perguntas que podem auxiliar a empresa a encontrar a melhor forma de fazer sua promoção.

Muitas são as formas de promover um produto, porém todas elas envolvem uma ação fundamental: a comunicação. Assim, este capítulo é dividido em duas partes: na primeira, apresentaremos a comunicação, seu ciclo e modelos. Posteriormente, apresentamos o composto promocional e as formas pelas quais a promoção pode ocorrer.

Comunicação

Para promover seu produto, uma empresa precisa se comunicar! Comunicação é a forma pela qual as pessoas se expressam entre si, valendo-se da linguagem (códigos e/ou símbolos). A figura 20 sintetiza o processo de comunicação e a relação de seus elementos.

Figura 20

Processo de comunicação e seus elementos constituintes

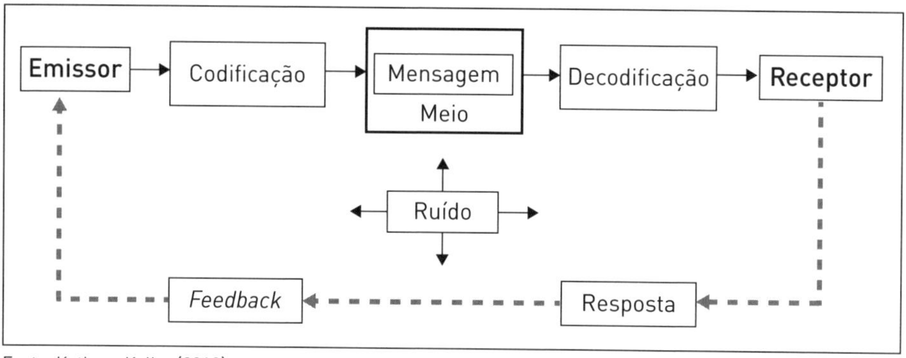

Fonte: Kotler e Keller (2012).

Os elementos participantes do processo de comunicação são (Kotler e Keller, 2012):

- *Emissor*. É o responsável por produzir e emitir a mensagem, sendo o transmissor inicial do sistema.
- *Mensagem*. É o objeto da comunicação. Para atingir a eficácia na transmissão do conteúdo, é necessário atentar para a disposição e a escolha das palavras. A forma da comunicação depende do receptor, ou seja, o emissor. Antes de realizar a transmissão do conteúdo, analisa se o receptor está apto a compreender o idioma, o vocabulário usado, eventuais gírias e expressões idiomáticas, neologismos etc.
- *Receptor*. É o destinatário da mensagem. Desse modo, a mensagem deve ser estruturada a partir da capacidade de compreensão do receptor, com base na linguagem reconhecida por ele.
- *Codificação*. É a conversão da mensagem em um formato específico para sua difusão, o qual permite que receptores específicos entendam seu conteúdo.
- *Decodificação*. É o entendimento da mensagem, o qual só ocorrerá se emissor e receptor compartilharem a mesma compreensão de determinada realidade.
- *Canal*. É o meio pelo qual as mensagens são enviadas. Os dispositivos utilizados para a transmissão das mensagens podem ser (1) naturais, que englobam contato pessoal, via oral ou (2) tecnológicos, que fazem uso da tecnologia.

- *Ruído*. É qualquer componente que interfira no processo da transmissão de uma mensagem de um emissor para um receptor, podendo ser oriundo de elementos internos (ex.: problemas fisiológicos, como dores de cabeça; atenção dispersa por conta de outros assuntos que demandam atenção do receptor ou problemas semânticos, como uso/interpretação equivocada de termos técnicos) ou externos (ex.: ruídos físicos, como barulhos ou distrações visuais).

Fique atento!

Note que, devido ao ciclo de comunicação e aos ruídos, um mesmo estímulo (mensagem) pode acabar levando a percepções distintas por parte de diferentes receptores, devido a três processos perceptivos:

- *Atenção seletiva*. A partir da filtragem de estímulos, haverá uma seleção do conteúdo a ser percebido.
- *Distorção seletiva*. Às vezes os estímulos não causam os efeitos esperados no consumidor; ele poderá interpretar a mensagem conforme seus desejos pessoais, reforçando suas preconcepções.
- *Retenção seletiva*. Temos a tendência de guardar informações que nos interessam momentaneamente ou que reforçam nossas atitudes e crenças.

Os elementos constituintes do processo de comunicação devem estar alinhados para que a mensagem transmitida seja adequadamente compreendida. Assim, um processo de comunicação só poderá ser considerado eficaz se contribuir para que o conteúdo do que se deseja compartilhar ou informar seja captado sem dificuldades. Os modelos relacionados à comunicação estão a seguir apresentados.

Modelos do processo de comunicação

A comunicação mercadológica é composta por: informar, persuadir e lembrar. Dessa maneira, as empresas buscam influenciar, direta ou indiretamente, os consumidores sobre os produtos e marcas que comercializam (Kotler e Keller, 2012). Para tal, é necessário definir um macromodelo de comunicação com uma base mercadológica, qual seja: sintetizar o processo pelo qual se podem realizar a transmissão de ideias e a gestão dos resultados obtidos para se comunicar de maneira eficaz com o público de interesse. Kotler (1998) apresenta oito etapas para desenvolver um processo de comunicação eficaz, as quais são listadas na figura 21 e detalhadas na sequência.

Figura 21
Processo de comunicação eficaz

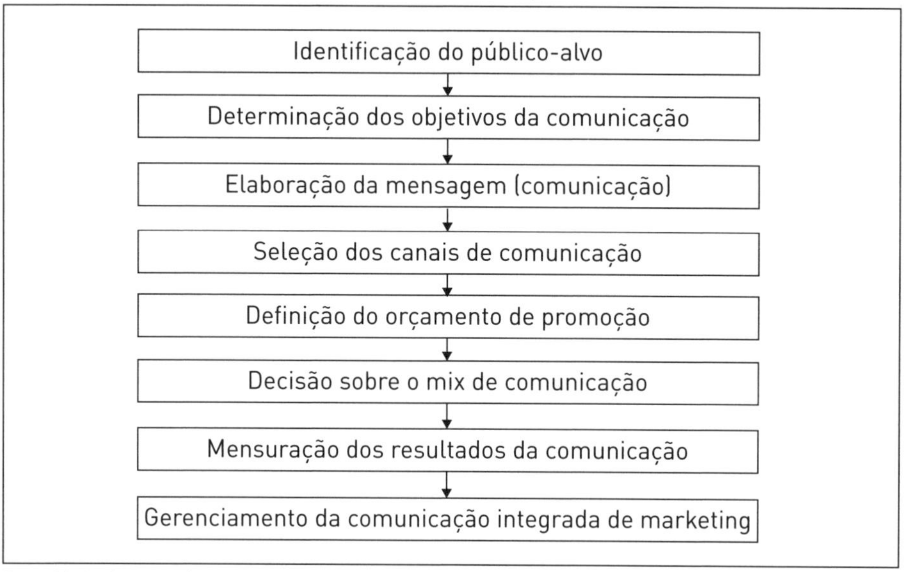

Fonte: Kotler (1998:529).

- *Identificação do público-alvo.* A identificação do público-alvo é primordial, dado que, baseadas em sua definição, as decisões da campanha serão tomadas – a forma, o veículo de distribuição, o tempo. Nessa etapa, poderão estar incluídos os clientes atuais, os potenciais, os influenciadores da compra e/ou os que pararam de consumir.
- *Determinação dos objetivos da comunicação.* A eficácia da campanha residirá no fato de o público da empresa, tanto interno quanto externo, compreender o propósito do conteúdo veiculado. Para tal, há quatro objetivos de comunicação:
  - necessidade da categoria – estabelece a percepção de que determinada categoria é essencial ao cliente;
  - conscientização da marca – significa fazer o consumidor identificar, reconhecer ou se lembrar da marca da empresa ou do produto dentro de uma categoria;
  - atitude em relação à marca – tornar conhecidos os atributos existentes perante os anseios e as necessidades do consumidor;
  - intenção de compra da marca – induzir os clientes a adquirir determinada marca de produto ou formar uma opinião em relação a ela.

- *Elaboração da mensagem.* A elaboração de uma mensagem engloba quatro tópicos:
  - conteúdo da mensagem – o que transmitir;
  - estrutura da mensagem – como expor o conteúdo de forma lógica e compreensível;
  - formato da mensagem – como estruturá-la de modo simbólico, a partir da escolha de cores, tom de voz, elementos corporais a serem utilizados;
  - fonte da mensagem – quem deve ser o emissor desta (nesse caso, o uso de celebridades ou endossantes é uma ferramenta muitas vezes utilizada).
- *Seleção dos canais de comunicação.* Cabe ao emissor a definição do canal a ser utilizado, garantindo a eficiência da transmissão do conteúdo. É crescente a fragmentação de canais, o que torna intricado o processo de comunicação, havendo distinção entre os canais pessoais e os não pessoais:
  - canais de comunicação pessoais – o contato pode ocorrer cara a cara, por telefone, por um aplicativo no celular, viabilizando a comunicação direta dos interlocutores; tais canais mostram eficácia, uma vez que possibilitam a apresentação pessoal e *feedback* imediato;
  - canais de comunicação não pessoais – veículos que transmitem a mensagem de forma indireta, sem contato pessoal ou *feedback*; ex.: mídia impressa (jornais), transmitida (TV), expositiva (cartazes e *outdoors*) e mídia online (internet e redes sociais).
- *Definição do orçamento de promoção.* Estabelecer o orçamento que será destinado à promoção, podendo variar de acordo com o setor de atuação da empresa. Pode ser definido por meio de uma das quatro lógicas a seguir:
  - método dos recursos disponíveis – despender o recurso que é considerado adequado ou possível pela empresa; pode dificultar o planejamento de longo prazo;
  - método da porcentagem das vendas – gastar em promoção um valor definido com base no percentual de vendas realizadas; quando as vendas estão baixas, deve-se repensar a estratégia;
  - método da paridade com a concorrência – alocar os recursos a partir do que os concorrentes gastam;
  - método de objetivos e tarefas – após a definição de objetivos específicos, avalia-se o custo de cada tarefa indispensável para o alcance deles.

- *Decisão sobre o mix de comunicação.* Alocação dos recursos disponíveis entre as ferramentas adequadas que compõem o mix de comunicação, comumente conhecido como composto ou mix promocional.
- *Mensuração dos resultados da comunicação.* A partir da implementação do mix de comunicação, é preciso analisar o impacto no público-alvo. É relevante que haja pesquisas comportamentais, de perfis dos consumidores e de satisfação dos clientes. A mensuração dos resultados será tanto mais confiável quanto mais confiável for a forma de obtenção de dados legítimos do público que será alvo do mix de comunicação. A alta gerência das empresas vai buscar obter informações sobre os resultados alcançados por meio do investimento em comunicação realizado. Porém diversas vezes o que conseguem alcançar são apenas informações sobre dados e despesas ocorridas, como custos de mídia, quantidade de anúncios veiculados, visitas obtidas em sites etc. Assim, é relevante obter dados comportamentais do público-alvo da comunicação ou promoção, o que, normalmente, se consegue apenas por meio de pesquisa de campo (para identificar a resposta do público à promoção, como: quantos indivíduos gostaram do produto, quantos de fato o compraram etc.).
- *Gerenciamento da comunicação integrada de marketing (CIM).* A comunicação integrada de marketing (CIM) deve assegurar que os contatos realizados com consumidores em potencial sejam consistentes e relevantes para o indivíduo ao longo do tempo. Assim, é essencial ter clareza nos papéis que cada uma das frentes de marketing desempenha, como respostas diretas, relações públicas e promoção de vendas.

Fique atento!

Um método frequentemente utilizado para determinar o orçamento destinado à promoção é o citado "método da porcentagem das vendas". Ele indica que se deve gastar com promoção um percentual das vendas da empresa (geralmente associado ao volume de vendas realizado no período anterior, porém também pode ser associado com a previsão de vendas para o próximo período).

Ainda que seja de simples entendimento, o método é falho em alguns aspectos. No caso, o método deixa claro que se deve gastar uma porcentagem das vendas em promoção. Entretanto, se a empresa está vendendo bem, gastará mais com promoção (o que não parece ser necessário, visto que a empresa já está com boas vendas); se está vendendo mal, deveria fazer mais promoção, mas não é o que irá ocorrer, uma vez que, no caso, a porcentagem sobre as vendas será pequena, justamente pelo fato de as vendas estarem baixas; logo, haverá pouca promoção quando o ideal, para aumentar as vendas, seria investir mais nisso.

Partindo do macromodelo, podem-se derivar micromodelos, os quais se concentram em respostas específicas do consumidor à comunicação. Apresentamos aqui os principais micromodelos.

Modelo Aida e modelo de hierarquia dos efeitos

Esses modelos partem do princípio de que a comunicação leva a três estágios de respostas pelo receptor: o cognitivo, o afetivo e o comportamental. Dois modelos se destacam:

- *Modelo Aida*. A mensagem deve: (1) atrair a atenção; (2) manter o interesse; (3) despertar o desejo; (4) conduzir à ação;
- *Modelo de hierarquia dos efeitos*. A mensagem deve: (1) conscientizar o público a respeito do produto; (2) fazer o público conhecer detalhes do produto; (3) fazer com que o público simpatize com o produto/marca; (4) demonstrar por que o produto deve ser preferível a seus concorrentes, destacando seus diferenciais; (5) despertar a convicção dos clientes de que o produto atende a suas expectativas; (6) despertar o interesse de compra pelo potencial cliente.

Em ambos os modelos há três estágios – o cognitivo, o afetivo e o comportamental. No modelo Aida, o passo 1 se refere ao estágio cognitivo; os passos 2 e 3, ao estágio afetivo; e o passo 4, ao estágio comportamental. Já no modelo de hierarquia dos efeitos, os passos 1 e 2 compõem o estágio cognitivo; os passos 3, 4 e 5, o estágio afetivo; e o passo 6, o estágio comportamental, como mostrado na figura 22.

Figura 22
Modelos Aida e hierarquia dos efeitos

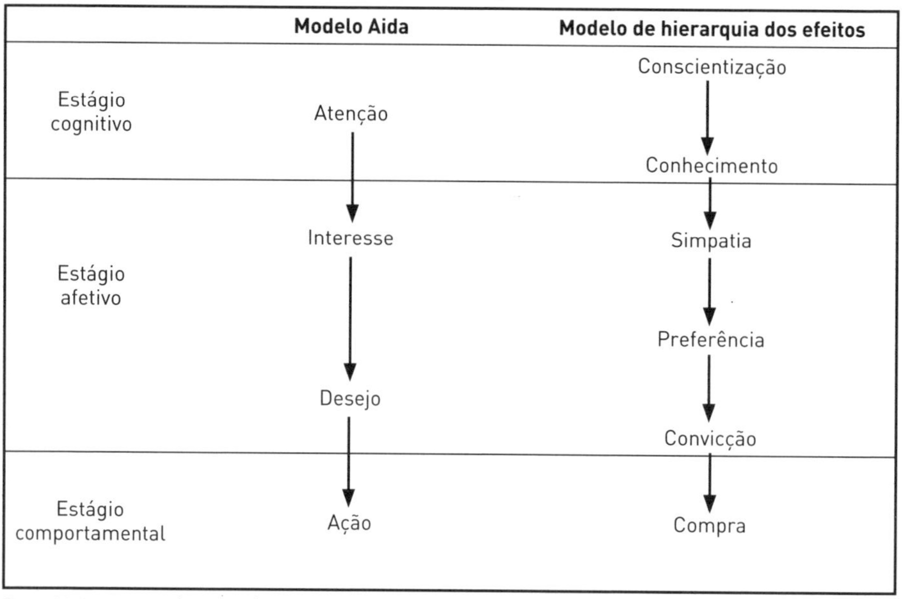

Fonte: Kotler e Keller (2012:517).

Fique atento!

Como se pode analisar o modelo de hierarquia dos efeitos? Vejamos o que ocorre em cada estágio do modelo, a partir da campanha promocional de um curso de idiomas:

- *Conscientização*. O público-alvo deve se conscientizar da existência do curso de idiomas. É comum definir um objetivo de gerar consciência em certo percentual da população-alvo.
- *Conhecimento*. Pode ocorrer de o público-alvo ter consciência da existência da marca, mas não conhecer detalhes dela. O curso poderia comunicar ao mercado quais idiomas ensina, seus métodos, sua localização etc.
- *Simpatia*. No caso de o público-alvo ser desfavorável à marca do curso de idiomas, é preciso realizar pesquisas para identificar o porquê. A partir disso, deve-se buscar gerar afeição de parte do público com ações específicas.
- *Preferência*. Gostar do curso não significa preferi-lo aos demais. Para gerar a preferência e assim atrair consumidores, o curso de idiomas poderia apresentar dados de desempenho, localização, qualidade dos professores etc.
- *Convicção*. Ainda que certos consumidores prefiram o curso em questão, não significa que necessariamente irão adquirir o que este oferece. Assim, o curso deveria despertar a certeza de sua adequação ao público que irá atingir, por meio de ações que impactassem a intenção de compra.
- *Compra*. É o último estágio em que uma ação é realizada (no caso, adquirir o serviço ofertado pelo curso). Busca-se fazer com que o consumidor tome a iniciativa de comprar o que é oferecido. Nesse caso, experimentação poderia ser uma ferramenta persuasiva, por exemplo, convidar potenciais clientes para assistir a algumas aulas, concorrer a bolsas de estudos etc.

Outros modelos de comunicação são eventualmente utilizados em diversas situações. A seção seguinte apresenta os processos de comunicação de massa, que demandam muitos recursos, mas, apesar disso, são considerados convenientes para certas empresas.

Comunicação de massa

Esse tipo de comunicação ocorre quando determinada mensagem é direcionada a uma grande quantidade (uma massa) de destinatários, de forma bem ampla. Apesar de parecer "bagunçado", o processo de comunicação de massa funciona em certos contextos, uma vez que pessoas de grupos homogêneos tendem a compartilhar comunicações similares. Há ainda os chamados "formadores de opinião", que apresentam de forma mais incisiva o que se deseja que seja captado pela maioria da audiência.

Formadores de opinião

São capazes de interferir na comunicação em si, dado seu poder persuasivo em certos grupos. Um exemplo é o uso de propagandas com o endosso ou testemunho de alguma pessoa famosa. Uma estratégia comumente usada é de apresentar um produto com o endosso de pessoas influentes (atores, cantores, esportistas etc., que declaram utilizá-lo). Caso isso alavanque as vendas, a publicidade gerada terá valido o investimento. O marketing viral pode servir, nesse caso, para propagação.

Líderes de opinião

Ao contrário dos formadores de opinião, não costumam ser celebridades ou pessoas famosas. Em geral, exercem alguma influência informal, com base em seu *status* social. Os formadores de opinião buscam influenciar os líderes de opinião. O *status* social mencionado pode se referir a posições como síndicos, líderes comunitários, representantes de alunos etc.

Composto promocional

Toda empresa tem a intenção de chamar a atenção de seu potencial cliente de uma forma positiva. Para tanto, as organizações montam equipes de pessoas criativas e que consigam pensar um conjunto de incentivos para atrair cada vez mais clientes. Esse conjunto de atividades que geram maior atração para o produto/serviço é o que chamamos de "composto promocional" (ou mix de comunicação, ou, ainda, mix promocional).

Quando queremos transmitir uma mensagem a alguém, devemos, principalmente, buscar entender quem é aquela pessoa (receptor) e o que desejamos comunicar a ela (conteúdo), para então decidir qual o melhor meio de difundir a mensagem da forma mais precisa possível. Cumpre notar que, habitualmente, para ampliar o leque de consumidores que terão acesso ao conteúdo divulgado, não se utiliza apenas um dos meios disponíveis, mas, sim, um conjunto de mecanismos articulados de maneira integrada.

Dessa forma, tecnicamente, o composto promocional engloba ferramentas utilizadas para divulgar um produto ou serviço, atraindo a atenção do potencial consumidor. Várias podem ser essas ferramentas, e conhecê-las é imprescindível para que se consiga identificá-las e saber utilizá-las da maneira correta. Vamos às principais delas

Propaganda

A propaganda é "qualquer forma paga de apresentação não pessoal e promocional de ideias, bens ou serviços por um patrocinador identificado" (Kotler, 1998:554). Ao analisarmos essa definição, nos deparamos com características importantes relativas à propaganda:

- a propaganda tem de ser paga (habitualmente, quem recebe esse pagamento é uma agência);
- tem de promover algum conteúdo (seja uma ideia, um produto, um serviço, um lugar etc.);
- o patrocinador é aquele que deseja transmitir um recado para seu público-alvo.

O mercado de propaganda é composto primordialmente de duas partes interdependentes: o veículo e o anunciante:

- veículos da propaganda englobam televisão, rádio, revistas, *outdoors*, internet, entre outros;
- anunciante da propaganda é qualquer pessoa física ou jurídica que pretende anunciar um produto, serviço ou mensagem, pagando por tal ação.

Para que uma propaganda "funcione", ela deve ser planejada e debatida. O patrocinador tem de saber qual é a mensagem que pretende disseminar para que uma agência possa construir o conteúdo a ser divulgado. Tendo em vista os propósitos de uma propaganda – de informar, persuadir, reforçar (ou lembrar) –, podemos classificá-la conforme seus objetivos (Kotler, 1998):

- *Propaganda informativa.* Cria conscientização da marca/produto.
- *Propaganda persuasiva.* Cria simpatia, preferência, convicção para convencer o cliente sobre a adequação do produto anunciado.
- *Propaganda de lembrança.* Estimula a repetição da compra, como muitas vezes é feito por empresas bem conhecidas (ex.: Coca-Cola).
- *Propaganda de reforço.* Busca convencer o comprador do acerto de sua decisão.

Na etapa de planejamento, também é definido o orçamento destinado à propaganda. Ao se estabelecer o orçamento de propaganda, consideram-se cinco fatores (Shimp, 2002; Kotler e Keller, 2012):

- *Estágio no ciclo de vida do produto.* Os produtos novos ou recém-lançados vão necessitar de mais investimento em propaganda do que produtos já conhecidos no mercado, uma vez que aqueles precisarão de uma conscientização do consumidor a seu respeito.
- *Participação de mercado e base de consumidores.* Marcas que detêm maior *market share*, por serem mais conhecidas, vão exigir menos gastos em propaganda.
- *Concorrência e saturação de comunicação.* Naqueles mercados em que a concorrência é mais acirrada, a comunicação é mais necessária, a fim de atrair a atenção do consumidor para determinado produto (ou marca).

Já nos mercados em que a concorrência não é tão intensa, gasta-se menos com ela.

- *Frequência da propaganda*. Quanto maior for a repetição periódica da mensagem ao mercado, maior tende a ser o impacto da propaganda e também os gastos referentes a tal veiculação.
- *Grau de substituição do produto*. Para produtos que são vistos como *commodities*, que apresentam pouca diferenciação (vassouras e garrafas térmicas, por exemplo), o investimento em propaganda deve ser maior.

Um tipo de divulgação de propaganda que recentemente tem sido bastante utilizado e que exige bastante criatividade é a chamada propaganda externa, a qual atinge os potenciais consumidores em espaços públicos, locais de grande circulação de pessoas etc. Os mais conhecidos tipos são (Shimp, 2002; Kotler e Keller, 2012):

- *Outdoors*. Costumam chamar a atenção pelo uso de cores, artes gráficas digitais, iluminação, sons, movimento e criatividade.
- *Espaços públicos em geral*. Propaganda que ocorre com a ocupação (legal) de algum espaço que consiga atingir adequadamente certo público-alvo definido, como se vê em pontos de ônibus e de táxis, metrôs, escadas de edifícios, elevadores de prédios comerciais etc.
- *Merchandising*. Trata-se de uma aparição supostamente espontânea de alguma marca, por meio de uma ação promocional no ponto de venda. Nos pontos de venda, observa-se o *merchandising*, por exemplo, em geladeiras exclusivas com o símbolo de empresas, em supermercados, como no caso de geladeiras com o símbolo da Häagen-Dazs, nas quais não se pode encontrar outra marca concorrente. Do *merchandising* deriva o chamado *product placement*, muito utilizado em novelas e filmes, como no caso da bola denominada Wilson, no filme *Náufrago*, estrelado por Tom Hanks.
- *Ponto de venda*. Envolve todas as maneiras de expor a marca em locais onde o consumidor a perceba, no ato da compra, como ocorre em supermercados (nos carrinhos de compra), farmácias (em placas em frente ao balcão de atendimento) etc. O marketing no ponto de venda é também conhecido como *trade marketing*.

Relações públicas (RP)

Relações públicas (ou, simplesmente, RP) têm como objetivo trabalhar com a publicidade, ou seja, divulgação não paga, espontânea, do produto. Dessa forma, engloba uma variedade de programas para promover (ou, às vezes, proteger) uma imagem favorável da empresa ou de seus produtos (Kotler, 1998; Shimp, 2002).

Profissionais de RP usam a publicidade (favorável) para gerar conhecimento de suas marcas e produtos. Se um jornalista, por exemplo, divulgar uma notícia sobre determinado produto, esta tende a ter mais credibilidade do que se o próprio fabricante divulgasse a mesma notícia. Atualmente, a chamada "viralização" de anúncios (explícitos ou não) pela internet é algo que se percebe em grande escala, sendo uma forma de publicidade. Segundo Kotler (1998), as cinco atividades de RP são:

- *Relações com a imprensa.* Envolvem convites para eventos, envio de *press-release* com informações sobre um novo produto ou lançamento etc.
- *Publicidade de produto.* A publicidade é, por definição, gratuita. É recomendável o máximo esforço para que uma publicidade favorável seja obtida por parte das empresas sobre seus produtos e marcas.
- *Comunicação corporativa.* Objetiva controlar (quando e como possível) as relações entre a empresa e seus diversos públicos, visando a um aumento do apreço pela empresa como um todo.
- *Lobby.* O *lobby*, ou grupo de pressão, é um grupo de pessoas ou organizações/entidades que têm como atividade influenciar decisões do poder público, especialmente do Legislativo, em favor de determinados interesses privados.
- *Aconselhamento.* Serve para orientar os gestores a respeito de assuntos públicos, posição e imagem da empresa, em particular quando a credibilidade dela estiver abalada.

As relações públicas, como o próprio nome indica, têm foco em um relacionamento entre a empresa e seu público. Assim, é importante ter em mente quais são as ferramentas usualmente utilizadas pelos setores que trabalham com RP nas empresas. Ainda que nem sempre seja feito uso simultâneo dessas ferramentas, elas podem se adequar a situações específicas, conforme indicado por Shimp (2002), Ferrell e Hartline (2005) e Kotler e Keller (2012):

- *Publicações*. As empresas dependem bastante de materiais publicados para alcançar e influenciar seus mercados-alvo. Isso inclui relatórios anuais, folhetos, artigos, jornais e revistas da empresa e materiais audiovisuais.
- *Eventos*. As empresas podem chamar a atenção para novos produtos ou outras atividades organizando eventos especiais que alcancem o público-alvo, como conferências, seminários, exposições, concursos, passeios, competições e aniversários.
- *Patrocínios*. As empresas podem promover o nome de suas marcas e seu próprio nome patrocinando eventos esportivos, culturais e causas relevantes.
- *Notícias*. Uma das principais tarefas dos profissionais de RP é encontrar ou criar notícias favoráveis sobre a empresa, seus produtos e funcionários, fazer com que a mídia aceite *press-releases* e atender aos convites da imprensa para participar de entrevistas coletivas.
- *Apresentações*. Com maior frequência, os executivos devem abrir um espaço para responder a perguntas da mídia ou dar palestras em associações comerciais ou em reuniões de vendas. Essas aparições em público podem contribuir para a imagem da empresa.
- *Atividades de prestação de serviços de interesse público*. As empresas podem influenciar positivamente o público contribuindo com dinheiro e tempo para causas sociais.
- *Identidade de mídia*. As empresas precisam de uma identidade visual para que o público possa reconhecê-las imediatamente. A identidade visual é transmitida por logotipos, cartões e papéis de carta, folhetos, cartazes, formulários, cartões de visita, instalações, uniformes e vestuário.

Fique atento!

A rigor, o correto é que as agências sejam chamadas de agências de propaganda, e não de publicidade, pois elas fazem a divulgação de forma a receber por isso (ou seja, a divulgação/comunicação é paga; logo, trata-se de propaganda).

Publicidade é a comunicação *não paga* e informativa sobre a organização ou o produto, em alguma forma de mídia. Por não ser paga, é espontânea e gera maior credibilidade das informações. Mas há pouco controle sobre o que é dito, uma vez que não existe um pagamento para a divulgação das informações. Note-se que, como a publicidade é gratuita, pode ser positiva ou negativa.

No caso da propaganda, que é definida como uma forma *paga* de apresentação impessoal e promoção de ideias, bens ou serviços por um patrocinador identificado, a credibilidade decai, uma vez que se sabe que alguém está "controlando" o que é transmitido e que jamais uma propaganda será negativa, pois ninguém vai pagar para que sua imagem seja maculada.

> **Observação**
>
> No Brasil, algumas entidades entendem como sinônimos os vocábulos "propaganda" e "publicidade". Contudo, analisando por sua origem, elas têm significados distintos. "Propaganda" vem do latim *propagare*, ou seja, "propagar", e "publicidade" advém de *publicis*, ou seja, tornar público. Mas nem tudo o que é tornado público é propagado; daí se entende por que os termos têm significados distintos.

Promoções de venda

"Leve 3, pague 2!" "Compre dois e pague só a metade pela segunda unidade!" Só de ler essas frases já nos pegamos curiosos e com vontade de aproveitar essas oportunidades, não é mesmo?

As promoções de venda traduzem um incentivo à compra no curto prazo, já que quando se anuncia uma promoção de vendas, por exemplo, "de R$ 100 por R$ 90", o consumidor entende que a atratividade é de curto prazo, pois não se informa o prazo de duração da oferta. Logo, o consumidor se sente tentado a adquirir o quanto antes, para não perder a oportunidade percebida. O mesmo vale para cupons de descontos, concursos etc. Se esse tipo de propaganda for algo muito insistente, pode prejudicar a imagem do produto/serviço perante o consumidor (já que, se a loja necessita estar sempre em promoção, é porque poucos clientes têm o hábito de entrar nela, ou porque o preço praticado e cobrado está deliberadamente maior do que o mínimo necessário para cobrir seus custos e lucros. Ou seja, tira-se a sensação de urgência/interesse em comprar de imediato, já que amanhã o produto continuará com o mesmo preço).

Formalmente, a promoção de vendas "consiste em um conjunto de ferramentas de incentivo, a maioria de curto prazo, projetadas para estimular a compra mais rápida ou em maior quantidade de produtos ou serviços específicos por parte do consumidor ou comércio" (Kotler e Keller, 2012:556).

A ideia é fazer com que o consumidor não adie a compra, por isso o estímulo de atraí-lo à compra com descontos, brindes, prêmios e outros atrativos.

Alguns exemplos de ferramentas usadas na promoção de vendas são os seguintes (Ferrell e Hartline, 2005; Kotler, 1998):

- *Amostras grátis*. É uma oferta sem custo, em geral para experimentação, de certa quantidade de um produto entregue ao consumidor. Caso ele aprove, a tendência é de continuar consumindo o produto no futuro (pagando por ele).
- *Cupons de desconto*. São certificados ou cédulas que conferem ao portador o direito a um desconto ou benefício declarado na compra de um produto específico.
- *Reembolso pós-venda*. Fornece uma redução de preço após a realização da compra, e não na loja. Em geral, é solicitado ao cliente que encaminhe alguma prova de compra (como cópia da nota fiscal, por exemplo) ao fabricante, para que este reembolse uma parte (ou um percentual) do valor pago.
- *Descontos*. Oferece-se aos consumidores uma redução do preço regular do produto, como "de R$ 100 por R$ 80".
- *Brindes*. São itens oferecidos a preços consideravelmente reduzidos na compra de algo, ou grátis, como incentivo à compra de outro produto. Um exemplo clássico é o do McLanche Feliz, em que na compra da refeição um brinde (um boneco, um jogo etc.) vem junto com o pedido.
- *Programas de fidelidade*. Oferecem recompensas relacionadas à frequência de compra de certo produto ou serviço. É muito comum em empresas aéreas (que trocam as milhas voadas por pontos conversíveis em viagens) e restaurantes, que dão, por exemplo, uma refeição grátis a cada 10 saboreadas no estabelecimento.
- *Prêmios (concursos, sorteios)*. São fornecidas vantagens, tais como dinheiro, viagens ou produtos, ao se adquirir algo. Em um concurso, uma habilidade é medida por um corpo de jurados que escolhe os premiados. Já em um sorteio, todos têm as mesmas chances de ganhar, ou seja, os consumidores se inscrevem para uma premiação que se dá de forma aleatória.
- *Testes/experimentação gratuitos*. Potenciais compradores são convidados ou recebem incentivos para que experimentem o produto sem ônus, visando a uma compra posterior, como nos conhecidos *test drives* de automóveis.
- *Garantias*. São promessas da empresa de que o produto vai ter determinada performance ou, em caso de falha, a empresa se responsabilizará pelo conserto, reembolso ou troca em um prazo determinado.

- *Promoções combinadas.* Ocorrem quando diversas marcas ou empresas atuam em conjunto, fornecendo cupons de desconto ou reembolsos, ou mesmo patrocinando concursos para atrair consumidores.
- *Promoções cruzadas.* Consiste na utilização de uma marca para anunciar outra que não seja sua adversária.
- *Displays (e demonstrações) no ponto de venda.* São *displays* exclusivos que geram diferenciação perante os concorrentes (ex.: geladeira da Kibon em supermercados) e demonstrações do produto, também no ponto de venda, a fim de despertar interesse nos potenciais compradores.

Até agora, as formas de promoção que abordamos são mecanismos que tratam todos os potenciais clientes da organização de mesma forma, ou seja, ao definir seu público-alvo, tanto as ações de propaganda, relações públicas e de promoções realizadas visam abordar todos os clientes ou, ao menos, aqueles com perfil previamente mapeado, de forma similar. Outras formas de promoção, porém, são desenhadas para trazer ao cliente potencial uma experiência mais personalizada. Essas serão abordadas nas próximas seções.

Marketing direto

Marketing direto é o uso de canais diretos para chegar ao consumidor e oferecer produtos e serviços sem intermediários de marketing. Dessa forma, em geral o marketing direto é individualizado e feito sob medida (ou seja, a mensagem pode ser personalizada e dirigida a um único indivíduo em particular).

Hoje em dia têm surgido possibilidades de interação com a mensagem (de acordo com a resposta recebida, a mensagem pode ser alterada). As ferramentas mais utilizadas para realização do marketing direto são, conforme Ferrell e Hartline (2005) e Kotler e Keller (2012):

- *Mala direta.* Envio de uma oferta ou anúncio a um destinatário específico, cadastrado em um banco de dados.
- *Marketing de catálogo.* É o envio, para determinados endereços selecionados, de uma linha completa de mercadorias em catálogos impressos ou via web, online, por pendrives etc.

- *Telemarketing*. Engloba o contato telefônico com clientes, potenciais ou atuais. Pode ser ativo (quando a iniciativa é da empresa, que liga para o cliente) ou receptivo (a iniciativa nesse caso é do cliente; ele toma a iniciativa de telefonar para a empresa).
- *Marketing de quiosques*. Trata-se de um modo de venda direta em locais como aeroportos, rodoviárias e outros. No caso, usam-se terminais multimídia ou os quiosques propriamente ditos.

Muitas são as vantagens de personalizar o contato com o cliente, já que ele se sente valorizado e mais propenso a continuar como cliente. Em contrapartida, a customização da mensagem faz com que essa forma de promoção fique cara. Em linhas gerais, os principais objetivos buscados por quem faz uso do marketing direto são (Kotler, 1998):

- *Reter os clientes atuais*. É mais fácil para o comerciante ou varejista – além de menos custoso – manter um cliente atual do que buscar novos clientes, e as atividades de marketing direto podem ser orientadas para tal objetivo por meio de, por exemplo, programas de fidelidade, clubes de clientes etc.
- *Induzir consumidores a experimentar o produto*. Quando uma empresa possui um banco de dados (BD) com dados consistentes a respeito dos clientes, ela pode identificar características deles e lhes enviar amostras ou cupons de desconto, conforme o perfil de cada um, visando a um acréscimo no interesse pelo produto.
- *Elevar o volume de vendas ou de uso (de certo produto)*. A fim de estimular e incentivar o consumo de determinado produto ou serviço, as empresas podem fazer uso de informativos, *newsletters*, programas de fidelidade etc.
- *Vender por meio de uma resposta direta do consumidor*. Vendas diretas podem ser obtidas por meio de contato telefônico ou mesmo por meio de catálogos ou comunicação via internet. O telemarketing ativo também costuma ser usado com essa finalidade.

Um tipo específico de marketing direto vem crescendo bastante, principalmente por ser realizado em meio online. Dessa forma, optamos por apresentá-la como um tipo próprio de promoção: o marketing interativo.

Marketing interativo

São ações, atividades e programas realizados online, a fim de envolver os consumidores e aumentar seu conhecimento sobre o produto, melhorar a imagem da marca ou gerar vendas (Kotler e Keller, 2012). Apresenta as seguintes vantagens:

- *Personalização*. Assim como no marketing direto, a mensagem pode ser customizada para atrair o destinatário com maior eficiência.
- *Atualização*. A mensagem pode ser preparada velozmente, de acordo com acontecimentos recentes ou tendências percebidas.
- *Interação*. A mensagem pode ser modificada, de acordo com a resposta dada pelo destinatário.

Cabe notar que a expansão do marketing interativo está fortemente relacionada com o conceito de marketing digital.

Venda pessoal

A venda pessoal (também conhecida como "força de vendas") trata de apresentações pessoais visando comunicar o produto ou a empresa e desenvolver relacionamentos duradouros. Baseia-se na ação dos vendedores. A venda pessoal serve como um elemento de ligação entre a empresa e os clientes. O vendedor representa a empresa perante o cliente. E a empresa deve ter ciência disso, ou seja, deve investir na capacitação dos funcionários, a fim de que saibam como gerar um cliente satisfeito.

Ao se realizar o planejamento da força de vendas, alguns itens devem ser lembrados:

- a visita de venda é a forma de marketing direto mais antiga (e ainda funciona);
- deve haver um planejamento ao se definir a força de vendas;
- é importante que os gestores da empresa tenham em mente que o vendedor é o elo entre a empresa e o cliente, ou seja, se ele falhar, é a reputação da empresa que será prejudicada.

As empresas devem determinar os objetivos da sua força de vendas, sendo eles relacionados a:

- *Prospecção.* Busca de clientes potenciais e de eventuais indicações.
- *Definição de alvo.* Alocação do tempo entre clientes atuais e potenciais.
- *Comunicação.* Difusão de informações sobre os produtos e serviços da empresa.
- *Venda.* Abordagem (ao cliente), apresentação da empresa e do produto, respostas às perguntas, superação de objeções e fechamento da venda.
- *Atendimento.* Oferta de serviços aos clientes, tais como consultoria para problemas ocasionais, assistência técnica etc.
- *Coleta de informações.* Realização de pesquisas de mercado primárias e trabalhos de inteligência (como captação e avaliação de informações).
- *Alocação.* Identificação dos clientes que não poderão ficar sem os produtos da empresa em períodos de escassez (Ferrel e Hartline, 2005).

É ainda relevante atentar para o fato de que a empresa precisa deixar claro, em termos de objetivos específicos para sua força de vendas, o que espera alcançar. Por exemplo: definir que os vendedores recém-chegados irão dedicar 60% do seu tempo de trabalho a clientes já existentes e os demais 40% àqueles que estão sendo prospectados. Pode-se também determinar que os vendedores ocupem 50% do tempo com produtos já existentes e 50% com produtos considerados "lançamentos".

Com relação à estratégia da força de vendas, o mais relevante é atingir o cliente certo, no momento certo e da maneira certa. A força de vendas pode ser direta ou contratada. Para Kotler e Keller (2012), a força de vendas direta é formada por funcionários da própria empresa, em tempo integral ou parcial. Já a força de vendas contratada é formada por representantes comerciais, vendedores autônomos ou corretores de vendas, que recebem comissões com base nas vendas que realizam. Existem diversas maneiras de estruturar uma força de vendas e as mais conhecidas são:

- *Por território.* Cada vendedor é responsável pelas atividades de vendas de um território definido (conforme o tamanho e o formato deste), ou seja, é uma divisão por região geográfica.

- *Por produto.* Ocorre quando a empresa fornece muitos produtos complexos, ou seja, quando necessita de um nível de conhecimento técnico mais aprofundado para a venda.
- *Por mercado.* Busca aproveitar alguma especialização da força de vendas segundo o setor ou os clientes a serem servidos. É uma opção escolhida por empresas que atendem clientes de perfis e necessidades bem distintas, precisando assim de abordagens específicas do vendedor.

Para determinar o tamanho adequado da força de vendas de uma empresa, é necessário definir (Boone e Kurtz, 1999; Kotler e Keller, 2012):

- a quantidade de clientes a alcançar;
- a classificação dos clientes e o número necessário de visitas para conhecerem o produto;
- o número total de visitas para atender todos os clientes (para calcular esse número, em geral se faz uma estimativa, ainda que existam *softwares* específicos para esse fim);
- a capacidade de visitas de cada vendedor.

A remuneração é um critério relevante para atrair vendedores de qualidade e capacitados. Sua definição pode ser estabelecida a partir de quatro componentes (Berkowitz et al., 2003; Kotler e Keller, 2012):

- *Quantia fixa.* Trata-se do salário fixo do vendedor, que visa gerar alguma estabilidade financeira e satisfazer as necessidades do profissional de vendas.
- *Quantia variável.* Trata-se de comissões, bonificações e/ou distribuição de lucros, ou seja, formas de estimular aqueles que alcançam melhores resultados em termos de vendas.
- *Ajuda de custo.* Envolve o pagamento de gastos como transporte (ônibus, metrô), hospedagem (em hotéis, no caso de viagens para treinamentos), alimentação e até diversão.
- *Benefícios.* Não são parte do salário, mas algo "a mais" percebido pelo funcionário (vendedor), que o deixa satisfeito por receber. Exemplos incluem seguro contra acidentes, plano de saúde, auxílio-creche etc.

É ainda relevante que haja um adequado gerenciamento da força de vendas. Em geral, segue-se a estrutura mostrada na figura 23 e comentada na sequência.

Figura 23
Gerenciamento da força de vendas

Fonte: Kotler e Keller (2012).

- *Recrutamento e seleção de vendedores.* Envolve o foco em contratar pessoas com o perfil adequado. São feitas análises de currículos e entrevistas.
- *Treinamento de vendedores.* Serve para que os vendedores conheçam a empresa e sua cultura, as características dos produtos e serviços da empresa, o mercado, os clientes e os concorrentes.
- *Supervisão de vendedores.* Refere-se a analisar as iniciativas de vendas que são realizadas e seus resultados, além de eventuais *feedbacks* aos vendedores, se as metas são atingidas, relacionamento com a equipe etc.
- *Motivação de vendedores.* Pode ser alcançada por meio de recompensas e cotas de vendas.
- *Avaliação de vendedores.* É feita com o uso de relatórios de vendas e comparação do que foi planejado com o alcançado pelo vendedor.

Métricas de promoção

Tipos de mídia

Todos os dias, somos expostos a uma série de comunicações em diversos tipos de mídia. Em geral, as organizações necessitam atrair a atenção dos potenciais consumidores das mais variadas maneiras.

A análise de métricas de mídia contribui para a garantia de que os orçamentos com comunicação estão sendo gastos de forma eficiente e direcionados a objetivos claros. Cumpre notar que métricas envolvendo mídia são difíceis de ser desenhadas, mensuradas e analisadas. A primeira complexidade vem do fato de que, comumente, uma campanha tende a incluir diversos tipos de mídia. Assim, como garantir que um cliente consumiu um produto atraído pela mídia A e não pela mídia B? Além disso, os diferentes tipos de mídia são consumidos por perfis distintos de pessoas. Na mídia impressa, a circulação de revistas e a de jornais não é igual. Nas transmissões de áudio e imagens, a audiência inclui as pessoas que podem ouvir ou ver um anúncio. Um *outdoor* pode receber desde uma olhada rápida até uma análise cuidadosa. Na internet, por exemplo, uma série de anúncios chama a nossa atenção em *pop-ups* em diversos sites.

Em linhas gerais, podemos estabelecer que o impacto das mídias difere conforme as seguintes variáveis:

- *Exposição*. É a quantidade de vezes em que um anúncio específico é exposto a consumidores potenciais.
- *Alcance*. É o número de indivíduos, ou o percentual de uma população, exposto a um anúncio ou a uma campanha. Dependendo do veículo, os dados sobre o tamanho da audiência costumam ser disponibilizados pelas empresas que os produzem.
- *Frequência*. É a quantidade de vezes em que cada indivíduo é exposto.

$$\text{Exposição} = \text{Alcance} \times \text{frequência média}$$

Observação

É possível que duas campanhas de mídia tenham resultados comparáveis em termos de custos e exposições, mas diferentes em alcance e frequência. É possível, por exemplo, expor uma mensagem com baixa frequência a uma audiência grande ou expor os membros de uma audiência menor com maior frequência.

As medidas de exposição podem ser ponderadas de acordo com as diferenças de "qualidade" estimadas para a mídia utilizada. Essa ponderação também pode ser feita para os tipos de clientes pretendidos. Habitualmente, essa avaliação é feita com base em julgamentos subjetivos.

É comum haver também indivíduos que veem o mesmo anúncio em mais de dois meios de comunicação. Nesse caso, os profissionais de marketing podem estimar a incidência dessa situação e descontar os indivíduos duplicados no cômputo do alcance de uma campanha ou de um anúncio.

Valor vitalício do cliente

Há variação da rentabilidade do cliente ao longo do tempo. Assim, a apuração é baseada em um período passado para que, então, se realizem previsões baseadas nele.

A título de exemplo, os bancos oferecem descontos para estudantes a fim de conquistá-los como clientes. No curto prazo, os estudantes não são clientes muito rentáveis. No entanto, é esperado que, futuramente, tragam resultados que se sobreponham às perdas iniciais.

Desse modo, utilizamos o valor vitalício do cliente para realizar previsões mais acuradas. Esse conceito leva em consideração as expectativas em relação ao cliente no longo prazo e não apenas o período passado.

Valor vitalício é o valor presente, em unidades monetárias, da relação do cliente com a empresa, calculado com embasamento na projeção de fluxos de caixa, a partir do cálculo de margens e da taxa de retenção.

O valor vitalício representa um nível ótimo de investimento para adquirir um novo cliente, além de mostrar às organizações que é mais importante construir um relacionamento de longo prazo com o cliente do que focar apenas num ganho específico de curto prazo (mesmo que esse seja maior).

Observação

A diferença entre a rentabilidade do cliente e seu valor vitalício é que a primeira representa o período passado, e o segundo, o futuro. Dessa maneira, o valor vitalício é utilizado na tomada de decisões, com seu cálculo baseado em previsões, a partir do valor presente dos fluxos de caixa futuros atribuíveis à relação com o cliente. A definição de valor presente se dá pela soma dos fluxos de caixa futuros previstos, trazidos a valor presente com uma taxa de desconto, sendo o desconto o valor do dinheiro ao longo do tempo.

O valor vitalício do cliente reflete o valor presente dele para a empresa, a soma dos seus fluxos de caixa projetados e descontados por uma taxa, aplicada ao período estimado da relação entre ambos. O modelo de valor vitalício do cliente compreende três parâmetros:

- margem constante por período (resultante após a dedução dos custos variáveis, inclusive os de retenção do cliente);
- probabilidade de retenção por período;
- taxa de desconto.

Caso o cliente não seja retido, o modelo assume que o relacionamento se perde para sempre. Além disso, o primeiro resultado financeiro será realizado no fim do primeiro período de apuração, com a mesma probabilidade de que ocorra a retenção no período. Outra premissa é de que a organização considera um horizonte infinito para o cálculo do valor presente dos fluxos de caixa futuros, tendo em vista que essa premissa possui consequências, porque nenhuma empresa de fato atuará eternamente.

A fórmula do valor vitalício do cliente é dada pela multiplicação do resultado de caixa por período – margem – por um fator que representa o valor presente da duração esperada do relacionamento com o cliente:

$$\text{Valor vitalício do cliente (\$)} = \text{Margem} \times \frac{\text{Taxa de retenção (\%)}}{(1 + \text{taxa de desconto (\%)} - \text{taxa de retenção (\%)})}$$

Observações

- Se a taxa de retenção for nula, o fator multiplicativo será nulo.
- Se a taxa de retenção for igual a 1,0 (isto é, 100%), o cliente sempre será retido, e a empresa receberá a margem como perpetuidade, que incide sobre a taxa de desconto (margem / taxa de desconto).
- Para taxas de retenção entre 0 e 1, a fórmula do valor vitalício do cliente encontra o respectivo multiplicador.

Cabe notar que o cálculo do valor do cliente é muito sensível à taxa de desconto. Geralmente, a taxa a ser escolhida deve ser aquela que a empresa poderia utilizar ao aplicar seus recursos no mercado financeiro. Como a margem é assumida como constante, caso a empresa acredite que deva aumentá-la ao longo do tempo da relação, o modelo básico também não funcionará.

Valor vitalício do *prospect*

O valor vitalício do *prospect* (VVP) é um valor atribuído a um cliente potencial, o *prospect*, que é calculado com base no valor que dele se espera, subtraído o custo de prospecção. Assim, é multiplicada a fração esperada de clientes que começarão a relação pelo somatório das médias das margens da empresa no início do relacionamento adicionada ao valor vitalício dos clientes novos.

A empresa deve investir na conversão de alguém em um cliente apenas se o VVP for positivo, dado que o intuito da métrica é levar em conta o valor de um novo cliente diante da decisão de prospectar ou não.

O investimento na aquisição levará em conta não somente as receitas imediatas que ocorrerão, mas também os fluxos de caixa esperados dos clientes a serem adquiridos. Cabe ressaltar que o VVP é o valor esperado de cada *prospect* menos o custo de prospecção.

Para fins de cálculo do VVP, deve-se multiplicar a taxa de aquisição pela soma das margens médias que a empresa obtém no início das relações, adicionada ao valor vitalício de novos clientes:

$$\text{VVP} = \text{Taxa de aquisição (\%)} \times (\text{margem inicial (\$)} + \text{VVC (\$)}) - \text{investimento em aquisição de clientes (\$)}$$

Caso o resultado seja positivo, a aquisição será um investimento coerente, ao passo que, se ele for negativo, o investimento em aquisição não deve ser feito. Em geral, o valor absoluto da métrica é baixo.

Para calcular o VVP, é essencial realizar o planejamento do valor investido em aquisição e estimar a taxa de aquisição do investimento e a margem média que a empresa vai obter a partir das transações iniciais dos clientes adquiridos. A métrica também pressupõe que os clientes a serem adquiridos somente vão se converter caso haja o investimento. Entretanto, é complicado determinar qual investimento atraiu o cliente.

É necessário buscar o modo mais econômico de alcançar o cliente simulando diversos investimentos em prospecção e não apenas seguir a primeira ação que tiver um valor presente positivo. A simulação permite que encontremos o investimento de maior VVP.

A importância dos clientes é indiscutível para qualquer negócio. Contudo, existem diferentes maneiras de chegar até eles e de se comunicar com a clientela. Atualmente, não há como desconsiderar a existência da comunicação virtual – por meio da internet, principalmente – nem dos negócios fechados por intermédio de plataformas disponibilizadas em celulares, laptops ou notebooks. O marketing digital é uma tendência relevante à qual a maioria das empresas tem atentado e que tem gerado negócios e transações as mais variadas.

Conclusão

Ao longo de nossa jornada, procuramos trazer ao leitor a compreensão dos conceitos mais fundamentais de marketing, passando desde a perspectiva do cliente (a razão de ser de uma empresa) até a análise do mercado como um todo (fornecedores e concorrentes). Se ainda ficou alguma dúvida, na parte final do conteúdo disponibilizamos uma lista de termos (glossário) que apresentam alguns conceitos relevantes, mas que podem ter passado despercebidos ao longo do livro.

Na busca por aumentar a oferta de valor agregado a seus clientes, o administrador de marketing deve estar atento ao seu produto, sem perder de vista o que a concorrência está fazendo. Com o nível de competição que encontramos hoje no mercado, cada vez mais a disputa ocorre por meio de ações ligadas ao produto ampliado – a busca pela diferenciação, por dar atributos, satisfazer os desejos e necessidades do consumidor com muito mais criatividade e funcionalidade, aproximando a realidade do sonho do consumidor. Na disputa pelo consumidor, vence a empresa que conseguir oferecer maior valor em termos de produto, porém, sem onerar seus custos.

Cumpre notar que, ao longo de todo o livro, destacamos casos e exemplos de aplicações para que você tivesse a certeza de que a análise de marketing é algo único e próprio de cada organização em cada contexto no qual ela esteja inserida. Não podemos, assim, pensar em "soluções de prateleira" para um caso que analisemos de maneira superficial. Aprofundarmo-nos no contexto da organização que estamos analisando é fundamental para que possamos traçar um bom plano para a mesma e para além: o marketing não pode ser analisado como um ente isolado! Para que o mesmo funcione integrado com a empresa como um todo, é essencial que a atuação do setor esteja alinhada com as suas demais áreas, como finanças, operações e recursos humanos.

Agora que já tem mais ferramentas para compreender o que é marketing, convidamos você a continuar avançando em seus estudos na área, enveredando por alguma das diversas possibilidades de especialização que o marketing nos oferece, seja no campo do comportamento do consumidor, na especificação de preços, na pesquisa de marketing, no planejamento do produto ou serviço, enfim, muitos são os caminhos possíveis se você se interessou e gostaria de conhecer mais sobre o assunto.

Referências

AHMED, Asif. BMW AG: financial performance analysis. *Social Science Research Network*, 27 maio 2010. Disponível em: <http://dx.doi.org/10.2139/ssrn.1616827>. Acesso em: 2 jan. 2019.

AMERICAN MARKETING ASSOCIATION (AMA). About AMA. *Portal institucional*, [s.d.]. Disponível em: <www.ama.org/AboutAMA/Pages/Definition-of-Marketing.aspx>. Acesso em: 3 jan. 2019.

ANDION, Maria Carolina; FAVA, Rubens. Planejamento estratégico. In: MENDES, J. T. G. (Org.). *Coleção gestão empresarial*. Curitiba: FAE/Gazeta do Povo, 2002. v. 2, p. 27-38.

BERGAMINI, Cecília W. Motivação: mitos, crenças e mal-entendidos. *Revista de Administração de Empresas*, v. 30, n. 2, p. 23-34, 1990.

BERKOWITZ et al. *Marketing*. Rio de Janeiro: LTC, 2003. v. 1.

BLACKWELL, Roger D.; MINIARD, Paul W.; ENGEL, James F. *Comportamento do consumidor*. Trad. Eduardo T. Ayrosa. São Paulo: Pioneira Thomson Learning, 2005.

BOONE, L. E.; KURTZ, D. L. *Contemporary marketing*. Hinsdale, IL: Dryden, 1999.

BRADESCO. Nossos princípios. *Portal institucional*, [s.d.]. Disponível em: <https://banco.bradesco/html/prime/sobre/index.shtm>. Acesso em: 20 abr. 2019.

BRAMBILLA, Flávio Régio; PEREIRA, Luciana V.; PEREIRA, Paula Bristot. Marketing de relacionamento: definição e aplicações. *Ingepro*: inovação, gestão e produção, v. 2, n. 12, p. 1-9, 2010.

______; SAMPAIO, Cláudio Hoffmann; PERIN, Marcelo Gattermann. Indicadores tecnológicos e organizacionais do customer relationship management (CRM): relação entre firma desenvolvedora, firma usuária e preceitos teóricos. *Perspectivas em Ciências da Informação*, v. 13, n. 2, p. 107-129, 2008.

CHURCHILL JR.; Gilbert; PETER, J. Paul. *Marketing*: criando valor para os clientes. São Paulo: Saraiva, 2000.

______; ______. *Marketing criando valor para os clientes*. 2. ed. São Paulo: Saraiva, 2003.

DANIEL, B. R. Management information crisis. *Harvard Business Review*, p. 111-121, 1961.

DAVID, Meredith E.; DAVID, Forest R.; DAVID, Fred R. Mission statement theory and practice: a content analysis and new direction. *International Journal of Business, Marketing and Decision Sciences*, v. 7, n. 1, 2014.

DAVIDSON, William; SWEENEY, Daniel J.; STAMPFL, Ronald W. *Retailing management*. 6. ed. Nova York: John Wiley & Sons, 1988.

DIBB, Sally; SIMKI, Lyndon. Targeting, segments and positioning. *International Journal of Retail & Distribution Management*, v. 19, n. 3, p. 4-10, 1991.

DUNNE, Patric; LUSCH, Robert F. *Retailing*. 3. ed. Boston: Dryden, 1999.

FARRIS, P. W. et al. *Métricas de marketing*: mais de 50 métricas que todo executivo deve dominar. Porto Alegre: Bookman, 2007.

FERRELL, O. C.; HARTLINE, Michael D. *Estratégia de marketing*. São Paulo: Thomson, 2005.

FIAT. Institucional: gestão. *Portal institucional*, [s.d.]. Disponível em: <www.fiat.com.br/institucional/gestao.html>. Acesso em: 20 abr. 2019.

GERDAU. Gerdau Summit. *Portal institucional*, [s.d.]. Disponível em: <www.gerdau.com/gerdausummit/pt/quem-somos/missao-visao-e-valores#>. Acesso em: 20 abr. 2019.

GORDON, Ian. *Marketing de relacionamento*. São Paulo: Futura, 1998.

GRÖNROOS, Christian. *Marketing*: gerenciamento e serviços. 3. ed. Rio de Janeiro: Campus, 2009.

GUIMARÃES, Magali C. Maslow e marketing: para além da hierarquia das necessidades. *Portal do Marketing*, 6 jul. 2001. Disponível em: <www.portaldomarketing.com.br/Artigos/Maslow_e_Marketing.htm>. Acesso em: 14 abr. 2019.

GUIMARÃES, Vinicius. Pirâmide de Maslow: por que ela é importante para as vendas? *Escola de E-Commerce*, 31 jul. 2017. Disponível em: <www.escoladeecommerce.com/artigos/piramide-de-maslow-por-que-ela-e-importante-para-as-vendas/>. Acesso em: 10 jan. 2019.

HAMPTON, D. R. *Administração contemporânea*: teoria, prática e casos. 3. ed. São Paulo: McGraw-Hill, 1992.

HAVAIANAS. História. *Portal institucional*, 1973. Disponível em: <www.havaianas.com/pt-br/node/7163>. Acesso em: 20 jan. 2019.

HOFFMAN, K. D.; BATESON, J. E. G. *Princípios de marketing de serviços*. 3. ed. São Paulo: Cengage Learning, 2009.

HUITT, W. Hierarchy of needs. In: MOGHADDAM, F. (Ed.). *The Sage encyclopedia of political behavior*. Thousand Oaks: Sage, 2017. p. 356-357.

KOTLER, Philip. *Administração de marketing*: análise, planejamento, implementação e controle. 5. ed. São Paulo: Atlas, 1998.

______. *Administração de marketing*. 10. ed., 7 reimp. São Paulo: Prentice Hall, 2000.

______; ARMSTRONG, Gary. *Princípios de marketing*, 15. ed. São Paulo: Pearson Prentice Hall, 2015.

______; KELLER, Kevin Lane. *Administração de marketing*. 14. ed. São Paulo, 2012.

LAURSEN, Gert H. N.; THORLUND, Jesper. *Business analytics for managers*: taking business intelligence beyond reporting. 2. ed. Nova York: John Wiley & Sons.

LEIDECKER, J. K.; BRUNO, A. V. Identifying and using critical success factors. *Long Range Planning*, v. 17, n. 1, p. 23-32, 1984.

LEVITT, Theodore. Marketing myopia. *Harvard Business Review*, v. 38, n. 4, p. 45-56, jul./ago. 1960.

MARSHALL, Kimball P. *Marketing information systems*: creating competitive advantage in the information age. Houston: Boyd & Fraser, 1996.

MASLOW, Abraham H. A theory of human motivation. *Psychological Review*, n. 50, p. 370-396, 1943.

MATTAR, Fauze Najib. SIM: sistemas de informação de marketing. *Mercado Global*, n. 67, p. 24-45, mar./abr. 1986.

MAYROS, V.; WERNER, D. *Marketing information systems*: design and applications for marketers. Radnor, PA: Chilton Book, 1982.

MCGEE, L. W.; SPIRO, R. L. The marketing concept in perspective. *Business Horizons*, v. 31, n. 3, p. 40-45, 1988.

MCKENNA, Regis. *Marketing de relacionamento*: estratégias bem-sucedidas para a era do cliente. Rio de Janeiro: Campus, 1992.

MELLO, Bruno. Por trás das estratégias de marketing do Itaú. *Mundo do Marketing*, 24 ago. 2010. Disponível em: <www.mundodomarketing.com.br/entrevistas/15537/por-tras-das-estrategias-de-marketing-do-itau.html>. Acesso em: 20 jan. 2019.

MIRANDA, C. M. C.; ARRUDA, D. M. O. E-produtos e variáveis comportamentais determinantes de compra no varejo virtual: um estudo com consumidores brasileiros. *REAd*, ed. 37, v. 10, n. 1, 2004.

MONTANA, Patrick J.; CHARNOV, Bruce H. *Administração*. 2. ed. São Paulo: Saraiva, 2006.

MOWEN, J. C.; MINOR, M. S. *Comportamento do consumidor*. Trad. Vera Jordan. São Paulo: Pearson Prentice Hall, 2003.

NEGASH, S; GRAY, P. Business intelligence. In: BURSTEIN, Frada, HOLSAPPLE, Clyde (Ed.). *Handbook on decision support systems*. Heidelberg: Springer, 2008. v. 2, p. 175-194.

NICKELS, W. G.; WOOD, M. B. *Marketing*: relationships, quality, value. Nova York: Worth, 1997.

PARENTE, Juracy. *Varejo no Brasil*. São Paulo: Atlas, 2000.

PAYNE, Adrian. *Handbook of CRM*: achieving excellence in customer relationship management. Oxford: Elsevier, 2006.

PETER, J. Paul; OLSON, Jerry C. *Comportamento do consumidor e estratégia de marketing*. 8. ed. São Paulo: McGraw-Hill, 2009.

PORTER, Michael E. *Vantagem competitiva*: criando e sustentando um desempenho superior. Rio de Janeiro: Campus, 1989.

POWELL, T. C. Competitive advantage: logical and philosophical considerations. *Strategic Management Journal*, v. 22, n. 9, p. 875-888, 2001.

REZ, Rafael. SIM: sistema de informações de marketing. *Nova Escola de Marketing*, 1º nov. 2016. Disponível em: <https://novaescolademarketing.com.br/marketing/sim-sistema-de-informacoes-de-marketing/>. Acesso em: 10 jan. 2019.

RIES, Al; TROUT, Jack. *Posicionamento*: a batalha por sua mente. São Paulo: M. Books, 2009.

RODRIGUES, E. M. T.; JOIA, L. A.; OLIVEIRA, L. C. B. de. Fatores influentes na frequência de compra pela internet: um estudo exploratório em livrarias virtuais. In: ENCONTRO ANUAL DA ASSOCIAÇÃO NACIONAL DE PROGRAMAS DE PÓS-GRADUAÇÃO EM ADMINISTRAÇÃO, 28. 2004, Curitiba. *Anais*... Curitiba: Anpad 2004. Disponível em: <www.anpad.org.br/admin/pdf/enanpad2004--adi-1116.pdf>. Acesso em: jun. 2019.

RODRIGUES, P.; MARTINS, F. Perceptual and behavioural dimensions: measuring brand equity consumer based. *Journal of Fashion Marketing and Management*, v. 20, n. 4, p. 507-519, 2016.

ROSENWALD, Peter J. *Accountable marketing*: otimizando resultados dos investimentos em marketing. São Paulo: Pioneira Thomson Learning, 2005.

RUDOLPH, Thomas; KAMLOT, Daniel. *Gestão contemporânea do varejo*: uma introdução à teoria do comércio. Rio de Janeiro: Editório, 2019.

SALIM, Cesar Simões et al. *Construindo planos de negócios*. 3. ed. Rio de Janeiro: Elsevier, 2005.

SCHIEFER, Josef; ANDREAS, Seufert. Management and controlling of time-sensitive business processes with sense & respond. In: INTERNATIONAL CONFERENCE ON COMPUTATIONAL INTELLIGENCE FOR MODELLING, CONTROL AND AUTOMATION AND INTERNATIONAL CONFERENCE ON INTELLIGENT AGENTS. Web Technologies and Internet Commerce (CIMCA-IAWTIC, 2005). Viena, 2005. *Proceedings*... IEEE, 2006. p. 77-82. Disponível em: <https://ieeexplore.ieee.org/document/1631227>. Acesso em: set. 2019.

SHIMP, Terence A. *Propaganda e promoção*: aspectos complementares da comunicação integrada de marketing. 5. ed. Porto Alegre: Bookman, 2002.

SOLOMON, Michael R. *O comportamento do consumidor*: comprando, possuindo e sendo. 11. ed. Porto Alegre: Bookman, 2016.

STADLER, Adriano; ARANTES, Elaine Cristina; CENI, Fabíola (Org.). *Desenvolvimento de produtos e métricas de marketing*. Curitiba: Intersaberes, 2013.

TOALDO, Ana Maria Machado; LUCE, Fernando Bins. Estratégia de marketing: contribuições para a teoria em marketing. *RAE*, v. 46, n. 4, p. 25-35, 2006.

WHITE, C. The next generation of business intelligence: operational BI. *DM Review*, v. 15, n. 5, 2005.

WIND, Yoram; ROBERTSON, Thomas S. Marketing strategy: new directions for theory and research. *Journal of Marketing*, v. 47, p. 12-25, 1983.

YANAZE, Mitsuru H. *Gestão de marketing e comunicação:* avanços e aplicações. 2. ed. São Paulo: Saraiva, 2011.

Glossário

AMA (American Marketing Association). É a associação norte-americana de marketing, cuja definição de marketing é amplamente utilizada.

B2B. *Business to business.* Refere-se aos relacionamentos de uma empresa com outra.

B2C. *Business to consumer.* Refere-se aos relacionamentos que ocorrem entre empresas e consumidores, como no caso do varejo.

Branding. É uma expressão que se refere a dotar o produto de uma percepção positiva em relação a sua marca, englobando seu reconhecimento, a lealdade a ela, a qualidade percebida e as associações que são feitas à marca.

Commodities. São produtos e artigos considerados similares entre si, em termos de qualidade, conteúdo e origem. Como se trata de produtos altamente similares, em geral a escolha é definida pelo preço cobrado.

CRM. *Customer relationship management*, ou gestão do relacionamento com o cliente. É uma aplicação, sustentada por tecnologia, das práticas relacionais propostas pelo marketing de relacionamento (McKenna, 1992).

FCS. São os fatores críticos do sucesso, ou seja, as características, condições ou variáveis que, quando corretamente gerenciadas, podem levar ao êxito da empresa.

Heavy users. Usuários "pesados". São aqueles que utilizam um produto ou serviço de forma intensa, frequente.

Leasing. Também conhecido como arrendamento mercantil, é uma modalidade de contrato que associa aluguel e venda à prestação, por meio de uma técnica especial de financiamento. Constitui uma forma de adquirir algo de maneira parcelada. O bem é alugado ao cliente por certo tempo definido em contrato e, no final deste, o cliente tem a possibilidade de comprá-lo.

Light users. Usuários "leves". São aqueles que fazem uso raro de algum produto ou serviço, isto é, com frequência diminuta.

Lobby. É uma atividade pela qual um grupo consegue exercer pressão sobre os responsáveis pela criação ou aprovação de leis (como deputados, senadores etc.), visando obter benefícios a favor daqueles que o grupo representa.

Market. Mercado.

Market share. Participação de mercado detida por uma empresa.

Markup. Trata-se de um índice a ser aplicado sobre o custo de algo visando à determinação de seu preço de venda. O *markup* pode ser entendido como a diferença existente entre o custo de um produto (ou um serviço) e o preço de venda deste. Pode ser definido como um valor fixo ou um percentual.

Medium users. Usuários "medianos". São aqueles que utilizam um produto ou serviço de forma moderada, com frequência que não é intensa nem insignificante.

Mix de marketing. Também conhecido como composto de marketing ou como "os 4 Ps de marketing", envolve o conjunto de ferramentas por meio das quais um produto é oferecido a um mercado, por um preço apropriado, sendo distribuído de forma adequada e divulgado de modo inteligível.

P&D. Pesquisa e desenvolvimento. É o setor de uma organização responsável por investigar o mercado, os consumidores e suas preferências a fim de identificar os potenciais produtos e serviços a serem desenvolvidos e oferecidos futuramente.

Press-release. É um instrumento de relações públicas bastante utilizado por parte das assessorias de imprensa das empresas. É um texto enviado a jornalistas e formadores de opinião sobre aquilo que se deseja divulgar, como o lançamento de um produto ou uma ação empreendida por uma empresa. A intenção é que o jornalista veja relevância no conteúdo e o divulgue, sem custo para a empresa.

SIM. É um sistema que consiste em "pessoas, equipamentos e procedimentos com o objetivo de coletar, selecionar, analisar, avaliar e distribuir informações que sejam necessárias, oportunas e precisas para os tomadores de decisão [da empresa]" (Kotler, 1998:111).

Slogan. Refere-se a um bordão, em geral comercial, alusivo a um produto, uma marca ou uma empresa. Em geral se trata de uma frase curta e fácil de lembrar, que posiciona na mente do consumidor a imagem que se deseja transmitir.

Stakeholder. É todo aquele que tem algum interesse na atividade da empresa, como acionistas, funcionários, fornecedores, concorrentes, clientes, governo, entre outros.

STP. Sigla para *segmentation/targeting/positioning* (segmentação/mercado-alvo/posicionamento: SMP). É uma abordagem que indica ser necessário realizar uma segmentação do mercado para, em seguida, definir o mercado-alvo e posicionar na mente dos consumidores-alvo o significado do produto a eles dirigido.

Para enriquecer

A partir do surgimento do marketing como uma ciência presente no cotidiano das empresas e das organizações, pouco a pouco ele foi se desenvolvendo, e novas vertentes foram se originando. Essas novas modalidades, derivadas dos conceitos fundamentais do marketing, passaram a ser reconhecidas como tópicos componentes do marketing enquanto campo de estudo, ainda que com peculiaridades que lhes conferem propriedades específicas de atuação em variados mercados, com efeitos e estratégias inerentes a cada variante.

Outras vertentes do marketing contemporâneo

A seguir, serão explicadas brevemente cada uma das principais vertentes do marketing contemporâneo. Elas são abordadas de maneira sucinta, visando apresentar os conceitos e estimular futuros estudos por parte do leitor que tiver interesse em se aprofundar em cada um desses temas.

- *Marketing social.* É a vertente do marketing que se preocupa em alterar um comportamento, visando ao bem-estar social no longo prazo. Tem como foco os chamados produtos sociais, que englobam ideias (crenças, atitudes ou valores), práticas (atos ou comportamentos) ou objetos tangíveis. Um exemplo seria o fato de uma empresa, em vez de ofertar o produto cigarro ao mercado, oferecer o comportamento de parar de fumar.
- *Marketing de varejo.* É utilizado em um contexto B2C, ou seja, com a empresa direcionando o que for melhor ao consumidor, na compreensão deste. Por meio do marketing de varejo, empresas (varejistas) compreendem

o que é valorizado pelos clientes para compor o *layout* das lojas, ofertar preços e formas de pagamento atraentes e comunicar-se habilmente, buscando fidelizar a clientela.

- *Marketing de serviços.* Foca em táticas baseadas na oferta de serviços, os quais, diferentemente dos produtos físicos, não podem ser vistos, experimentados nem sentidos previamente. Ao se prestar um serviço, há interações com o cliente e deve-se almejar sua satisfação em seus próprios termos. Assim, busca-se a concepção do serviço, a determinação do preço adequado, uma prestação e uma promoção superiores à expectativa do cliente, sem apresentar lacunas entre o desejado e o que de fato se obteve.
- *Marketing de experiência.* Em vez de focar na oferta de produtos, diversas empresas oferecem uma experiência superior. Por meio de técnicas de marketing de experiência, elas se esforçam para produzir sensações que o consumidor considere agradáveis e interessantes ao conhecer ou experimentar o produto e em eventuais contatos com a empresa e suas marcas, como ao conhecer a linha de produção de uma cerveja na hora de adquirir tal produto. Envolve o marketing sensorial, o qual se aproveita dos sentidos próprios dos seres humanos, como olfato, tato, paladar, audição e visão. Um exemplo é observado em lojas que vendem guloseimas e cujo aroma interno é de chocolate, ou em lojas de roupas que têm uma trilha sonora com sua personalidade, que faz os clientes a reconhecerem.
- *Marketing esportivo.* O âmago do marketing esportivo é suscitar oportunidades de negócios para empresas, esportistas ou não, fazendo uso do esporte e atividades a ele relacionadas. É comum o uso da paixão – por clubes, atletas, seleções etc. – para atrair consumidores para eventos (como campeonatos, torneios, jogos e outros) e para ofertar produtos e serviços ligados ao esporte, além de associar a imagem de uma organização a eventos, atletas e clubes.
- *Marketing de guerrilha.* Congrega ações que fazem uso de criatividade para chamar a atenção do público – muitas vezes em locais públicos –, não sendo necessário grande dispêndio de recursos financeiros. Ações de guerrilha englobam, entre outros, o marketing viral, em que peças publicitárias criativas são divulgadas gratuitamente entre pessoas que se conhecem, principalmente pelas redes sociais; e o marketing de emboscada, no qual uma empresa se destaca mais do que a concorrente que patrocina certo evento, por chamar a atenção do público de modo mais

eficiente e memorável. Um exemplo desse caso ocorreu quando a Rede Globo transmitiu com exclusividade a final do campeonato brasileiro de futebol de 2000, e um dos times entrou em campo com a propaganda do SBT, principal rival da Globo à época. No caso, não havia como a Globo impedir tal ação, por ter ocorrido como uma emboscada, ou seja, uma situação em que não há uma saída imediata.

Tendo em vista a cada vez maior proximidade do marketing com o mundo digital, em detrimento das mídias tradicionais de comunicação, é possível, com o marketing digital, cativar os consumidores por meio (1) do e-mail marketing, pelo qual o e-mail é usado como ferramenta de envio de ofertas e comunicações para a base de clientes, com autorização prévia destes, e (2) do marketing de conteúdo, que visa à concepção e disponibilização de temáticas que os consumidores considerem interessantes e nas quais invistam seus recursos em troca de obter conteúdos benéficos e substanciais, que muitas vezes são compartilhados com outros potenciais clientes, gerando uma percepção positiva da marca.

Business intelligence

Um sistema de *business intelligence* (BI) consiste em coletar, organizar e analisar os dados para transformar em inteligência de negócios que auxilie no processo de tomada de decisão das organizações. Dessa forma, BI é o conjunto de teorias, metodologias, processos, estruturas e tecnologias que transformam uma grande quantidade de dados brutos em informação útil para a tomada de decisões estratégicas. Ou seja, utiliza a tecnologia da informação para concatenar um conjunto de informações que abarquem métricas que reflitam a qualidade da gestão da organização e do andamento do mercado como um todo (Negash e Gray, 2008).

Cada sistema de BI determina uma meta específica de curto, médio ou longo prazo, tendo por base o objetivo organizacional e a visão da empresa, nesse sentido, para a composição de um painel único que apresente as principais métricas necessárias para a análise mais precisa por parte dos gestores. Vamos agora a uma visão dos componentes necessários para a construção de um sistema de BI:

- *Data warehousing*. Criação de um repositório central para armazenamento e integração de dados coletados de fontes diversas.

- *Data mining*. Os dados coletados são explorados visando à identificação de padrões consistentes para detectar relações e novos subconjuntos de dados a serem mapeados e extrair informações relevantes.
- *Tratamento de dados*. Armazena e integra as informações relevantes para contribuir, facilitando a geração de relatórios (*reportings*) automatizados, detalhados para fortalecer o esclarecimento.
- *Reportings*. Habitualmente organizados em forma de *dashboards* que refletem métricas e KPIs essenciais para a tomada de decisão de um setor ou da organização como um todo.
- *Benchmarking*. Pode ser usado em dois sentidos: (1) servir de balizador para as métricas utilizadas no *dashboard* e (2) inspirar as decisões tomadas pela empresa. Assim, a pessoa responsável por elaborar um sistema de BI deve focar as análises das necessidades e dos desejos dos seus clientes.

O avanço das tecnologias de informação e comunicação proporcionou a expansão da utilização dos sistemas de BI para várias áreas e níveis organizacionais. Além disso, com o crescimento exponencial do uso das redes sociais por grandes corporações nas suas estratégias de negócios, o sistema de BI também precisou reinventar-se. Várias empresas estão desenvolvendo software para ter à disposição seu histórico de interações e relacionamento na internet, ou seja, a internet permitiu que BI se tornasse:

- uma ferramenta de aplicação estratégica integrada para todos na organização, estando disponível por meio de estações de trabalho e nos servidores da empresa;
- a maior aliada para a captação de dados sobre os clientes, conseguindo detalhes preciosos com o monitoramento de mídias e redes sociais.

Ferramentas de BI podem ser utilizadas não só em organizações de grande porte, mas também nas de médio ou pequeno porte. Quanto maior o porte da organização, mais complexo será o processo de obtenção e mineração dos dados e, assim, maior o tamanho do investimento necessário. As ferramentas de BI podem ser utilizadas para otimizar o trabalho da organização, reduzir custos, eliminar a duplicação de tarefas, permitir previsões de crescimento da empresa como um todo e contribuir para a elaboração de estratégias.

As soluções de BI estão em instituições financeiras, empresas de telecomunicações, seguradoras e em toda instituição que perceba a tendência da economia globalizada, em que a informação precisa chegar de forma rápida, precisa e abundante. O principal benefício do sistema de BI para a empresa é sua capacidade de fornecer informações precisas quando necessárias, incluindo uma visão em tempo real do desempenho corporativo geral e das suas partes individuais.

Business analytics

A aceleração da geração de *big data* nas últimas décadas tem proporcionado oportunidades diversas e, provavelmente, continuará proporcionando. Atualmente, importantes somas financeiras são investidas em programas de análise de *big data*, visando à implementação do *business analytics* (BA). Entretanto, vale a pena investir nessa ferramenta? Para responder a essa pergunta, devemos ter em mente, primeiramente, o que ela significa e qual é a diferença em relação ao BI.

Há um arcabouço de ações visando a esses objetivos que configuram as práticas conhecidas como BA, as quais podem ser viabilizadas por meio da coleta de dados em ambientes online – web e *mobile* – a partir da instalação de *cookies* e rastreamento do comportamento de consumidores via reconhecimento de endereço IP.

Ainda que os termos e as definições sejam parecidos – e, por vezes, tratados como sinônimos – alguns autores enfatizam a diferença entre BI e BA. Seufert e Schiefer (2005) destacam que as organizações precisam de infraestruturas tecnológicas apropriadas de apoio à decisão para enfrentar os desafios decorrentes de um ambiente de intensas mudanças mercadológicas. Para os autores, ainda que as atuais abordagens de *data warehousing* e de BI sejam amplamente aceitas como um bom suporte para a tomada de decisão, elas não fornecem suporte suficiente para lidar com os desafios futuros, como a tomada de decisões em tempo real, por exemplo.

É nesse sentido que o BA visa contribuir ao se valer da mineração de dados para revelar padrões, comportamentos e demais informações úteis, porém, de forma mais enxuta e independente do que as ferramentas de BI.

A função dos painéis e ferramentas é extrair dados acompanhados em tempo real e criar algoritmos que prevejam mudanças de cenário influentes para a organização. Assim, por meio de *dashboards* se vale de informações passadas e presentes e de estatísticas preditivas para a criação de prognósticos úteis.

Os *insights* fornecidos para o todo e para departamentos específicos podem potencializar resultados ou tornar processos mais rentáveis. Assim, Laursen e Thorlund (201) entendem que o BA é uma evolução do sistema de BI tradicional. Para os autores, o BA atuaria visando integrar três aspectos da organização:

- dados (para monitorar a qualidade dos dados e medir o que importa);
- processo (para aprender e melhorar continuamente);
- desempenho (para tomar as melhores decisões, possibilitar as melhores ações e medir seu impacto).

Para tanto, os projetos envolvendo BA e marketing contam com – e dependem de – uma série de elementos que hoje estão disponíveis a gestores e profissionais de marketing, que possibilitam sua implementação e gestão. São eles: a disponibilidade de ferramental e conhecimento referentes a *big data*, a existência de modelos estatísticos e algoritmos, bem como as técnicas de *machine learning*.

Ainda que os benefícios pareçam claros e o ambiente geral facilite o processo de obtenção e tratamento dos dados relevantes para as organizações, a implementação de um programa de BA passa por uma série de desafios, como um perfil gerencial inadequado, questões organizacionais envolvendo orçamentos e controle de recursos, questões relativas à estrutura de poder da organização, relação "custo × benefício", equipe de implementação mal qualificada etc.

Empreendedorismo em marketing

Suponha que você resolveu abrir sua própria empresa, a fim de aproveitar os conhecimentos em marketing e gestão recentemente obtidos e aprimorados. Apesar de um empreendimento dessa natureza ser bastante promissor, ele exige um planejamento prévio para que nada seja feito "de qualquer maneira" e para que permita uma valorização do investimento inicial.

Nesse momento, uma série de perguntas costuma surgir. Quais serão seus primeiros passos para organizar a gestão de marketing? O que fazer em termos de estrutura organizacional? Onde pesquisar? Quais os padrões (*benchmarks*) a seguir? Quem serão os clientes a atender? Essas e outras questões devem ser respondidas e, para isso, o empreendedor deve se coordenar adequadamente.

Normalmente, o primeiro passo é organizar um plano de marketing. Mas qual é o passo a passo para fazer isso? Fornecemos aqui essa estrutura. Como você pode ver, em cada uma dessas etapas será necessário abordar algum(ns) dos aspectos estudados ao longo deste livro.

Tendo em vista a crescente demanda por elementos de investimento em empreendedorismo nos mercados atuais, torna-se relevante compreender a estrutura de um plano de negócios e, dentro dele, como se organiza o plano de marketing. O modelo de plano de negócio a seguir está completo, com o plano de marketing incluso, juntamente com as demais partes relevantes a um empreendedor. Esperamos que seja útil aos empreendedores que nos leem.

Sumário executivo
Resumo da empresa
Síntese do mercado de atuação
Descrição dos produtos/serviços oferecidos

Macroambiente
Ambiente econômico
Ambiente tecnológico
Ambiente político-legal
Ambiente sociocultural
Ambiente demográfico

Microambiente
Histórico (caso a empresa já exista)
Características da empresa e tendências
Consumidor
- Perfil
- Desejos e necessidades

Concorrência
- Concorrentes diretos
- Concorrentes indiretos
- Pontos fortes e fracos dos concorrentes

- Substitutos

Benchmarking

Fornecedores

Relações com o governo

Análise das cinco forças de Porter

- Ameaça de entrada
- Ameaça de substitutos
- Poder dos compradores
- Poder dos fornecedores
- Rivalidade competitiva
- Conclusão da análise das cinco forças de Porter

Fatores críticos de sucesso

Concepção do negócio

Conceituação do empreendimento

Caracterização legal

Ambiente interno da organização

- Crenças e valores
- Missão
- Visão
- Definição de objetivos

Estrutura gerencial

- Organograma
- Política de salários
- Política de recrutamento e treinamento

Plano de marketing

Situação atual de marketing (diagnóstico)

Descrição das oportunidades e ameaças (caso a empresa exista, incluir suas forças e fraquezas)

Segmentação e definição do mercado-alvo

Posicionamento perante o mercado

Estratégia genérica

Composto de marketing

Produto/serviço: características, aplicações, diferenciais

- Ciclo de vida esperado para o produto
- Logomarca
- *Design*
- Embalagem
- Marca

Preço

- Precificação
- Condições de pagamento
- Descontos eventuais
- Valor percebido

Distribuição

- Localização
- Canais
- Logística
- Estoques

Promoção

- Propaganda
- Publicidade e relações públicas
- Promoções de vendas
- Marketing direto
- Força de vendas/vendas pessoais

Plano de ações de marketing

- Ações, prazos, responsabilidades
- Planos de contenção
- Projeto de novas versões do produto (se for o caso)

Análise financeira

Investimentos iniciais

Custos e despesas

- Despesas com folha salarial e comissão
- Outros custos e despesas

Projeção de demanda

Projeção de receita e estoque

Fluxo de caixa

Ponto de equilíbrio

Payback (prazo de retorno do investimento)

Demonstração do resultado do exercício (DRE), valor presente líquido (VPL) e taxa interna de retorno (TIR)

- DRE, VPL e TIR para um cenário pessimista
- DRE, VPL e TIR para um cenário realista
- DRE, VPL e TIR para um cenário otimista

Conclusão

Análise da viabilidade

Parcerias futuras

Projeção de pesquisas futuras

Autores

Daniel Kamlot
Doutor em administração de empresas pela Escola Brasileira de Administração Pública e de Empresas (Ebape) da Fundação Getulio Vargas (FGV), com mestrado em administração de empresas pela Pontifícia Universidade Católica do Rio de Janeiro (PUC-Rio) e graduação em engenharia de computação pela mesma instituição. Atualmente é professor da FGV Ebape, atuando em disciplinas com ênfase em marketing. Coordenador do curso Tecnólogo em Marketing do Instituto de Desenvolvimento Tecnológico (IDT) da FGV. É professor titular da Escola Superior de Propaganda e Marketing do Rio de Janeiro (ESPM/RJ) no Programa de Mestrado Profissional em Gestão da Economia Criativa (MPGEC), sendo também membro do Laboratório de Cidades Criativas (LCC) da ESPM/RJ. É professor/pesquisador do Departamento de Administração de Empresas da PUC-Rio. Tem experiência na área de administração com ênfase em marketing, atuando principalmente nos seguintes temas: marketing social, comportamento do consumidor, propaganda, propaganda enganosa, marcas, economia criativa e varejo.

Bernardo Guelber Fajardo
Doutor e mestre em administração pela Escola Brasileira de Administração Pública e de Empresas (Ebape) da Fundação Getulio Vargas (FGV). Graduado em economia pela Universidade Federal de Juiz de Fora (UFJF). Aplica seu conhecimento com números e métricas em diversas áreas, inclusive marketing. Atualmente, é professor da FGV Ebape, lecionando na graduação as disciplinas de fundamentos da administração, organizações e métodos, gestão de processos e gestão da qualidade. Também é membro do corpo docente do

Mestrado Profissional da FGV Ebape. É coordenador acadêmico do Instituto de Desenvolvimento Tecnológico (IDT) da FGV e foi coordenador executivo das graduações tecnológicas da FGV Ebape. Na área de marketing, tem formação no *nanodegree* em marketing digital pela Udacity. Integra o Núcleo Docente Estruturante do curso Tecnólogo em Gestão de Marketing da FGV Ebape. É professor-autor de disciplinas do MBA Online em Marketing da FGV.

Este livro foi impresso nas oficinas gráficas da Editora Vozes Ltda.,
Rua Frei Luís, 100 – Petrópolis, RJ.